Zeit, was ist das?

36 beispielhafte Ereignisse.

Harald Birgfeld

Harald Birgfeld, geb. in Rostock, lebt seit 2001 in 79423 Heitersheim. Von Hause aus Dipl.-Ingenieur, befasst er sich seit 1980 mit der Erklärung und Begründung von Zeit.
Es erschienen 2014:

Fünf Veröffentlichungen/Five Publications (deutsch/englisch)*,*
32 S. Format A5 (1 Band)
Theorie und Utopie der eigenen Zeit,
Theorie und Utopie der anderen Zeit.

daraus im Anhang:

Ergänzend dazu nun

Zeit, was ist das?

Grundsätze und Erläuterungen an 36 Ereignissen sollen den Leser die Wahrnehmungen von Ereignissen miterleben lassen.

Lyrik:
Außer mit Prosaarbeiten befasst sich der Autor mit Lyrik. Harald Birgfeld schrieb seine Gedichte überwiegend während der Fahrten in der Hamburger S-Bahn zur und von der Arbeit, inzwischen mehr als 12.000 Strophen. Es erschienen mehr als 30 Gedichtbände, 2 Epen und Sachbücher.
Titel aller derzeitigen Veröffentlichungen im Anhang.
In mindestens 30 Anthologien ist er vertreten.

Aus dem Gutachten, 1986, einer an der Universität Freiburg tätigen Literaturwissenschaftlerin:
"Es lohnt sich, einmal einen heutigen Dichter kennen zu lernen, der mit der deutschen Sprache einen faszinierend fremden Weg betritt und trotzdem dem Leser Freiraum lässt für eigene Gedankengänge, ohne dass die Probleme in erhobener Zeigefingermanier zu zeitkritischen Trampelpfaden werden."

Herausgeber, Autor, Redakteur: Harald Birgfeld.
e-mail: Harald.Birgfeld@t-online.de
Im Internet unter: www..Harald-Birgfeld.de

Buchumschlag: Harald Birgfeld

Herstellung und Verlag: BoD – Books on Demand, Norderstedt
ISBN 9783755751519

Inhaltsverzeichnis .... Seite

Inhaltsverzeichnis.. Seite

Zeit, meine Zeit, meine eigene Zeit, eigene Zeit und **andere Zeit**

Zeit ist die Wahrnehmung eines Ereignisses. Fehlt die Wahrnehmung, gibt es keine Zeit und kein Ereignis.

Wahrnehmung, ***Zeit*** und ***Ereignis*** bedingen einander.

Meine Zeit gibt es nicht.

Meine eigene Zeit ist die Wahrnehmung von Ereignissen meines Ichs durch mich und schließt sämtliche Ereignisse außerhalb davon aus.

Eigene Zeit ist die Wahrnehmung von Ereignissen außerhalb meines Ichs durch *mich*. Jedes Ereignis hat eine *eigene Zeit*.

Andere Zeit ist die Wahrnehmung von Ereignissen durch einen anderen oder eine andere.

Was sind ***Zeit***, ***meine Zeit***, ***meine eigene Zeit, eigene Zeit*** und ***andere Zeit***?

Zeit ist die Wahrnehmung eines Ereignisses. Fehlt die Wahrnehmung, gibt es keine Zeit und kein Ereignis.

„***Meine Zeit***" gibt es nicht. Zeit kann niemandes Besitz sein. *Eigene Zeit* ist etwas anderes als so genannte „meine Zeit". Zeit an sich ist unpersönlich. Wenn ich mich aber selbst, also meinen Körper, meine Existenz, meine Seele, meinen Glauben usw. als Ereignis wahrnehme, entsteht „***meine eigene Zeit***". Bei der *eigenen Zeit*, also dem Wahrnehmen eines Ereignisses, hat der Beobachter die einzige Gelegenheit, eine wahrheitsgetreue, eine für ihn wahrheitsgetreue, Aussage zu machen. *Andere Zeit* kann er nicht als wahr wiedergeben und bezeugen, auch wenn viele Menschen dies einfach tun, und

meine eigene Zeit ist durch sein Ich in den meisten Fällen verfälscht, wird aber fast ausnahmslos als die reine unumstößliche Wahrheit empfunden.
Wenn ich z.B. in einer Arztpraxis lange auf einem Stuhl gesessen habe und mich schließlich davon erhebe, ist die Sitzfläche zwar angewärmt, aber es ist nicht meine Wärme. Wärme ist wie Zeit immer unpersönlich. Trotzdem habe ich meine eigene Wärme an den Stuhl abgegeben. Die eigene Wärme trage ich in mir, an mir, mit mir und nur ich empfinde meine eigene Wärme als meinen Besitz und mein Eigentum. Wärme an sich kann mir aber nicht gehören. Auch der Nächste, der auf meinem Stuhl Platz nimmt, kann die verbliebene Wärme empfinden ohne an den Spender denken zu müssen. Er kann von ihr Besitz ergreifen, sie aber nicht zu seinem Eigentum machen.
Wärme und Zeit sind abstrakte Begriffe. Konkret gibt es für Wärme Begriffe wie z.B. Durchgangswärme, Übergangswärme und Strahlungswärme. Sie bringen den abstrakten Begriff Wärme in eine gewisse Realität. Diese Begriffe der Wärme sind dann nicht mehr abstrakt.
Der Begriff, Zeit, ist auch abstrakt. Er wird aber durch den Begriff, **die Zeit**, eingeengt mit Maß- und Messmethoden, in einer gewissen Realität definiert. Damit ist der Begriff, die Zeit, nicht abstrakt. Begriffe wie Zeitenwende, Zeitlupe, Zeitraffer, Jahreszeiten usw. gehören auch dazu.

Meine eigene Zeit unterscheidet sich in erheblichem Maß von *eigener Zeit.*

Eigene Zeit ist die Wahrnehmung von Ereignissen, die um mich herum passieren können. Ich kann sie nicht immer wirklich wahrnehmen. Nehme ich sie nicht wahr, passieren sie auch nicht. Viele Ereignisse passieren wie man weiß, ohne dass jeder davon Kenntnis nimmt oder nehmen kann. Sie ereignen sich möglicherweise in *anderer Zeit*, werden also von anderen und nicht mir wahrgenommen. *Eigene Zeit* schließt die Wahrnehmung sämtlicher Ereignisse außerhalb meines Körpers nicht mit ein. Wahrnehmungen des *eigenen Ichs*, wie vielleicht Liebe, Hoffnung, Glaube, Hunger, Durst, Verzweiflung usw. können schnell in Realität zu Wahrnehmungen von Ereignissen und damit zu *eigener Zeit* werden. Nur *eigene Zeit* lässt mich teilhaben an der Wahrnehmung von Ereignissen, die außerhalb des *eigenen Ichs* liegen. Der Versuch, nur *eigene Zeit* zum Maßstab meines Lebens zu machen, kann schnell z.B. zu Verfremdung, Bauchnabelschau und Egoismus führen.

Was ist ***andere Zeit***?

Bei der Wahrnehmung eines Ereignisses durch mich entsteht *eigene Zeit*. Bei der Wahrnehmung eines Ereignisses nur durch einen anderen oder eine andere vergeht für mich keine Zeit. Für den anderen, die andere jedoch währt diese *andere Zeit*, solange er bzw. sie das Ereignis wahrnimmt. Es vergeht für ihn oder sie, aus meiner Sicht, nicht *eigene Zeit,* sondern ***andere Zeit***. Sie selbst nehmen aber ihre *eigene Zeit* wahr. Von ihr kann ich in *eigener Zeit* nur z.B. durch Beobachtung, durch Erfahrung, durch Zuhören, durch Vergleichen usw. erfahren. Dies sind dann Ereignisse, die ich nicht direkt, sondern nur indirekt wahrnehmen kann. Werden sie aber z.B. scheinbar gleichzeitig durch mich und durch einen anderen bzw. eine andere wahrgenommen, dann vergeht für mich auch *eigene Zeit*, aber niemals *andere Zeit* wie für den anderen, die andere. Normalerweise befindet sich der andere in den gleichen Lebensverhältnisses wie ich und erlebt eine vergleichbare Wahrnehmung eines Ereignisses. Meine *eigene Zeit* und seine *andere Zei*t sind grob gesagt ähnlich. Ändern sich die Umstände aber gravierend, hat dies auch gravierende Schlüsse zur Folge.

Ein klassisches Beispiel dafür ist die Beobachtung von Ereignissen in **Teilchenbeschleunigern**. Die dort zur Kollision gebrachten Protonen werden zwar nachgewiesen, die Ereignisse finden aber für den Beobachter in *anderer Zeit* statt. Die aus den Nachweisen der experimentellen „Ereignisse" gemachten Aussagen können daher keine direkte Aussage über die bei der Kollision herrschenden Verhältnisse machen. Die sind zeitlich völlig anders als diejenigen, in welchen sich der Beobachter befindet. Die Kollisionsprotonen können z.B. kürzer und schwerer sein als die Ur-Protonen, und sie befinden sich, wegen der extrem hohen Bewegungsgeschwindigkeiten, verglichen mit dem Beobachter, der sich in Ruhe befindet, praktisch in einem **zeitlosen** Raum, in einer völlig *anderen Zeit*.
Eigene Zeit ist die Wahrnehmung von Ereignissen außerhalb meines *eigenen Ichs* durch mich, z.B. die Beobachtung eines Verkehrsunfalles. Sie ist anders als die Wahrnehmung von Ereignissen *anderer* in *anderer Zeit*. Erst im Vergleich der Wahrnehmungen von Ereignissen *anderer* in *anderer Zeit* mit Wahrnehmungen von Ereignissen in *eigener Zeit* kann *eigene Zeit* bewusst werden.

Als Beobachter

Zur Erinnerung:
Zeit ist die Wahrnehmung eines Ereignisses. Fehlt die Wahrnehmung, gibt es keine Zeit und kein Ereignis.

Als **Beobachter** erlebe ich *Zeit* in der Wahrnehmung eines Ereignisses und mache sie somit für mich erfahrbar, aber auch unterscheidbar gegenüber der Wahrnehmung anderer Ereignisse oder solcher durch einen anderen Beobachter. Jedes Wesen erlebt eine ***andere, unterschiedliche eigene Zeit*** in der Wahrnehmung eines Ereignisses.
Ein Beobachter nimmt immer in eigener *Zeit* wahr. Die ist anders als die, aus welcher heraus ein Ereignis, z.B. von anderen, wahrgenommen wird. Dieser Unterschied ist im Alltag nur selten gravierend. Es scheint, dass alle, die meinen, das Gleiche zu erleben, dieses auch in der gleichen Zeit erleben. Das ist aber ein Irrtum. Die meisten meiner Beobachtungen oder Wahrnehmungen von Ereignissen in meinem unmittelbaren Umfeld, finden unter Umständen statt, die mir und den anderen aus dem eigenen Leben und eigener Lebenserfahrung her bekannt sind. Scheinbar sind sie daher mit Beobachtungen oder Wahrnehmungen anderer nicht nur vergleichbar, sondern sogar identisch.
Erst, wenn die Verhältnisse zwischen mir und einem anderen als Beobachter desselben Ereignisses gravierend unterschiedlich sind, wird dies auffällig, und die Schlussfolgerungen ändern sich gewaltig. Ereignisse, die von mir beobachtet werden und, zusammen mit einem anderen Beobachter z.B. unter hoher Geschwindigkeit, hohem Druck, großer Langsamkeit, äußerster Geringfügigkeit, größter Entfernung, starkem Lichteinfall und extremer Wärme stattfinden, lassen die Annahme, dass diese Ereignisse unter

gleichen oder auch nur ähnlichen Zeiten wahrgenommen werden, nicht mehr zu. Wahrnehmungen von Ereignissen in *eigener Zeit* und solchen in *anderer Zeit* müssen dann völlig unterschiedlich sein, weil sich geometrische Maße, physikalische, biologische, chemische, psychologische und physiologische Zustände in dem Maß verändern, dass man von neuen Welten, Dimensionen und Umständen sprechen muss. In unter solchen Umständen beobachteten Ereignissen währen Zeiten, die in sich unterschiedlich und mit *eigenen Zeiten* gegenüber einem anderen Beobachter nicht mehr oder überhaupt nicht vergleichbar sind. Als Raumflieger, Astronaut z.B., kann ich z.B. ein Himmelsobjekt beobachten wie ein sich gleichzeitig auf der Erde befindender Bewohner. Wir beide erleben scheinbar das gleiche, nämlich einen stillstehenden Himmelskörper. Die bei mir in *eigener Zeit* verlaufende Beobachtung des Himmelskörpers, die Wahrnehmung meines Ereignisses, ist eine völlig andere als die des Beobachters von der Erde aus. Dieser Beobachter sieht den Himmelskörper in *anderer, in seiner, Zeit*. Schon allein durch die Tatsache, dass sich der Himmelskörper von uns beiden unterschiedlich weit entfernt befindet und somit sein sichtbares Licht für den einen länger unterwegs ist, als für den anderen, bedingt einen Zeitunterschied bei seinem Empfang durch mich und durch den Beobachter. Ablenkung der Strahlen, die von dem Stern kommen, durch andere Medien bedingen weitere Unterschiede. Ich möchte sogar so weit gehen und schreiben oder behaupten, dass diese Wahrnehmungen von Ereignissen in *eigener Zeit* und jene in *anderer Zeit* sich auf unterschiedliche Objekte der Beobachtung und nicht auf die gleichen, jedenfalls nicht auf dieselben, beziehen. Dafür gibt es aber weder Beweise noch Nachweise.

Zeit ist abstrakt

Zur Erinnerung:

Zeit ist die Wahrnehmung eines Ereignisses. Fehlt die Wahrnehmung, gibt es keine Zeit und kein Ereignis.

Eigene Zeit ist nicht ***meine Zeit***.
Zeit an sich ist abstrakt und nicht vergleichbar. Sie gehört niemandem und zu nichts. Nur die Maße einer Zeit, über die und deren Methoden bzw. Dimensionen man sich allerdings einig sein muss, sind vergleichbar. Diese Maße können nicht empfunden werden. Man nennt diese Zeitmaße ***die Zeit***. Wir kennen dafür die Begriffe wie z.B. Sekunde, Minute, Stunde, Jahre, Jahrhunderte usw. Jede Wahrnehmung eines Ereignisses hat dagegen *eigene Zeit*. Es wird nicht jedes Ereignis wahrgenommen, deshalb währt auch nur bei wahrgenommenen Ereignissen Zeit. Das liest sich vielleicht fremd und ist doch vertrauter als geglaubt. Sicher nehmen die Menschen mehr oder weniger andauernd Ereignisse wahr, aber was hat das mit der Zeit oder mit Zeit zu tun? Gibt es keine ***„die Zeit"?*** Einige Grundsätze und Beispiele mögen das ein wenig näherbringen. Es wäre dabei einfach, so zu tun, als wenn alle Menschen gleichermaßen empfinden würden oder sie alles gleichermaßen betreffen könnte. Das kann aber nicht so sein, und ich möchte es auf keinen Fall behaupten. Endet nämlich die Wahrnehmung von Ereignissen weitgehend oder ganz, dann endet auch Zeit weitgehend oder ganz. Zeit währt dann nicht und vergeht auch nicht, sie hört auf zu sein oder steht neu mit anderen Wahrnehmungen von Ereignissen zur Verfügung. Sie kann auch Teil der Wahrnehmung eines Ereignisses wie z.B. Länge, Breite, Höhe, Farbe, Klang und weiterer Dimensionen sein.

Grundsätze, Beweis und Zeugnis

Zur Erinnerung:
Zeit ist die Wahrnehmung eines Ereignisses. Fehlt die Wahrnehmung, gibt es keine Zeit und kein Ereignis.

Grundsätze
Die Wahrnehmung eines Ereignisses ist kein Eigentum. Mit der Wahrnehmung eines Ereignisses währt immer eigene Zeit oder andere Zeit solange das Ereignis wahrgenommen wird.
Das Wahrnehmen eines Ereignisses kann nicht rückgängig gemacht werden.
Ich kann die Wahrnehmung eines Ereignisses nicht ungeschehen machen, und es gibt keinen Beweis dafür.

Jeder sogenannte Beweis für Zeit, also für die Wahrnehmung eines Ereignisses, könnte nur ein Nachweis sein. Ein Beweis müsste wiederholbar sein, und seine Richtigkeit und Gegenwärtigkeit müsste jederzeit wieder hergeleitet werden können. Ein Beweis scheitert schon allein an der Gegenwärtigkeit, die nicht wiederholbar ist.
Das Wahrnehmen eines Ereignisses kann ich leugnen, es ignorieren, darüber schweigen oder das Ereignis falsch wiedergeben, aber beweisen kann ich es nicht.
Die Wahrnehmung eines Ereignisses lässt sich nicht delegieren, nicht übertragen, nicht verschenken und z.B. nicht vererben. Ich und jeder andere können nur **Zeugnis** über die Wahrnehmung eines Ereignisses ablegen z.B. in Wort und Schrift, in Bild und Ton usw.
Die krassesten, unbestreitbarsten Zeugnisse aber darüber, also über *eigene Zeit* und *andere Zeit*, erfolgen immer und nur

durch die menschlichen Sinne, Fühlen, Schmecken, Riechen, Hören und Sehen. Jede indirekte Wahrnehmung lässt sich stets darauf zurückführen.

Urknall, Wasserstoffgalaxien, Paralleluniversen oder Folgeuniversen

Zur Erinnerung:
Zeit ist die Wahrnehmung eines Ereignisses. Fehlt die Wahrnehmung, gibt es keine Zeit und kein Ereignis.

Urknall, Wasserstoffgalaxien, Paralleluniversen oder Folgeuniversen sind keine Wahrnehmungen von Ereignissen, also keine *Zeit*, sondern vielleicht Ereignisse in *anderer Zeit*, d.h. es könnten Wahrnehmungen von Ereignissen durch andere oder anderes sein, die in *anderer Zeit* stattfinden bzw. stattfanden. Sie sind aber keine Wahrnehmungen von Ereignissen, also keine *Zeit.*
Die Wahrnehmung von *Ereignissen durch andere* kann ich hier nicht behaupten und nicht verneinen, weil ich es nicht wissen kann.
Die Behauptung, Urknall, Wasserstoffgalaxien, Paralleluniversen oder Folgeuniversen nachweisen zu können, basiert im besten Fall auf Beobachtungen, schlüssigen Berechnungen und Vergleichen, aber nicht und in keinem Fall auf *Zeit*, also der Wahrnehmung von Ereignissen. Es werden Meinungen verbreitet, denen keine Wahrnehmungen von Ereignissen, also *Zeit*, zugrunde gelegt werden können.
Es kann in diesen Zusammenhängen also keine *Zeit* geben, weil es keine Wahrnehmungen und damit keine Ereignisse gibt. Wahrnehmungen von Ereignissen in *eigener Zeit* finden

nicht statt, nur möglicherweise Wahrnehmungen von Ereignissen in *anderer Zeit*.
Wenn Wahrnehmungen von Ereignissen jedoch in *eigener Zeit* nicht stattfinden oder stattfanden, kann auch nicht der Schluss gezogen werden, dass es sich um Ereignisse handelt, die in *Zeit* stattfanden oder finden, sonst würden Zusammenhänge aus *anderer Zeit* zu *eigener Zeit* und damit zu Wahrnehmungen von Ereignissen gemacht werden. Das würde bedeuten, dass Zeit nicht Wahrnehmung von Ereignissen wäre. Solange also Urknall, Wasserstoffgalaxien, Paralleluniversen oder Folgeuniversen als logische Zustände dargestellt oder dazu erklärt werden, wird hier *Zeit* als Wahrnehmung von Ereignissen in Frage gestellt.
Die Entdeckung von Himmelskörpern ist das Wahrnehmen von Ereignissen und damit *Zeit*. Urknall, Wasserstoffgalaxien, Paralleluniversen oder Folgeuniversen als Zustände zu beschreiben, gründen nicht auf Wahrnehmungen von Ereignissen, sind also nicht auf *eigener Zeit*, sondern auf Wahrnehmungen von Ereignissen in *anderer Zeit*.

Ich möchte noch einmal so weit gehen und schreiben oder behaupten, dass diese Wahrnehmungen von Ereignissen in *anderer Zeit* sich auf unterschiedliche Objekte der Beobachtung und nicht auf die gleichen, jedenfalls nicht auf dieselben, beziehen. Dafür gibt es aber weder Beweise noch Nachweise. Es bleibt also reine Utopie solches anzunehmen. Urknall, Wasserstoffgalaxien, Paralleluniversen oder Folgeuniversen entbehren jeder Beweisführung über *Zeit* als Wahrnehmungen von Ereignissen.

Drei praktische Beispiele sollen versuchen, dies zu vertiefen. Als die ersten schon lange geplünderten Gräber der ägyptischen Pyramiden wieder geöffnet werden konnten, wurde gleich das Pharaonenreich als solches in jeder Epoche

erklärt. Tatsächlich waren aber nur die Funde Wahrnehmungen von Ereignissen, *Zeit*. Alle Rückschlüsse bleiben und blieben Vermutungen bzw. Meinungen. Die Entschlüsselung der Hieroglyphen hingegen, die einen ersten Blick in die ägyptische Vorstellungswelt und Vergangenheit erlaubte, war die Wahrnehmung von Ereignissen, also *Zeit*. Ihre Inhalte jedoch waren Wahrnehmungen von Ereignissen durch andere, also *andere Zeit*.
Wunschdenken und Selbsttäuschung spielen zu oft eine entscheidende Rolle.

Als ein anderes Beispiel stelle ich mir ein gigantisches Bauwerk völlig ungekannten Ursprungs und nicht bekannter Verwendung vor. Es wird entdeckt und seine Größe ist unüberschaubar, es ist in der Entfernung und räumlich für die Entdecker nicht erreichbar, und seine Größe scheint bei jedem Sichten enorm gewachsen zu sein. Es schimmert gläsern bläulich. In einem Winkel dieses Bauwerkes werden Kammern entdeckt. Deren Inhalte können nicht ausgemacht, sondern nur vermutet werden. Die Entdeckung des Bauwerkes insgesamt ist die Wahrnehmung eines Ereignisses, also *Zeit*. Nun aber werden von den Entdeckern Rückschlüsse gezogen, wer dort wie und wann es vielleicht genutzt haben könnte. Die Entdecker kennen nur eine Art der Verwendung eines solchen Bauwerkes, nämlich sich darin aufzuhalten. Dass sich das Gebäude scheinbar vergrößert, halten sie für eine optische Täuschung. Ihre letzteren Vermutungen bilden auch ihre Meinung und sind somit Ereignisse durch andere in *anderer Zeit*. Es wird nicht einbezogen, dass es sich um eine Summe von Hologrammen handeln könnte, deren Herkunft, Qualität und Wiedergabe den Entdeckern überhaupt nicht nachvollziehbar ist.

Als letztes Beispiel fällt mir Heinrich Schliemann ein. In seiner auffälligen Manier, entgegen sinnvollem Handeln vorzugehen, grub er auf der Suche nach Troja an der vermuteten Stelle durch die Schicht der antiken Stadt hindurch und wurde tatsächlich fündig. Er fand enorme Schätze, deren Einordnung und Herkunft für ihn so augenscheinlich waren, dass er dies laut verkündete. Die Suche und das Finden des Schatzes waren Wahrnehmungen von Ereignissen, also Zeit. Alles andere aber, Einordnung, Herkunft und Zuordnung waren Wahrnehmungen von Ereignissen durch andere, also andere Zeit. Anscheinend spielten Wunschdenken und Selbsttäuschung auch hier entscheidende Rollen und führten zu Aussagen, die nicht der Wahrnehmungen von Ereignissen, also *eigener Zeit*, entsprachen.
Wunschdenken wird aber noch als eigenes Thema behandelt.

Diese Überlegungen insgesamt erzeugen bei mir einen erheblichen Zwiespalt, weil es ja nicht so ist, dass die z.B. von einem verstorbenen Menschen zu Lebzeiten wahrgenommenen Ereignisse also *Zeit*, tatsächlich immer verlorenen gehen, denn sie wurden ja zu oft mitgeteilt und es entstanden für den Zuhörer ebenfalls Wahrnehmungen von Ereignissen, also *Zeit*. Für mich schaffen da zwei Überlegungen eine gewisse Rettung.

Die erste Überlegung ist:
Mein individuelles Leben verstehe ich in einem andauernden Strom von neuen und alten Leben anderer eingebettet. Diesem Kollektiv kann keine Wahrnehmung von Ereignissen, also *Zeit*, verlorengehen. *Andere Zeit*, also Wahrnehmungen von Ereignissen anderer, werden z.B. durch beweisende Technik wie extraterrestrische Funde, Gestein, Gase, Proben und andere Materie neu erlebt und damit zu Wahrnehmungen von Ereignissen, also zu *eigener Zeit*.

Mit meiner zweiten Überlegung werde ich allerdings zum Grenzgänger, denn ich stelle mir vor, dass auf heute noch mysteriösen Wegen sämtliche extraterrestrischen Handlungen und auch Funde von den Menschen so reflektiert, also zu persönlichem Gedankengut werden, dass diese Wahrnehmungen von Ereignissen auch zu *eigener Zeit* werden.

Beide Überlegungen werden allerdings hinfällig, sobald Wahrnehmungen von Ereignissen nicht mehr stattfinden. Die Gründe dafür können vielfältigster Natur sein. Dann jedenfalls entsteht keine Zeit.

Altern, Gegenwart, Vergessen, Rückgewinnung von eigener Zeit, Erinnerung und Gewohnheit

Zur Erinnerung:
Zeit ist die Wahrnehmung eines Ereignisses. Fehlt die Wahrnehmung, gibt es keine Zeit und kein Ereignis.

Wird **Altern** als Zeitbegriff für ein Zeitmaß benutzt, ist das unrichtig und führt zum Irrtum, weil das Altern doch eindeutig und immer physikalischen, biologischen oder auch chemischen Prozessen unterliegt. Nur diese Prozesse können wahrgenommen werden, einzeln oder komplex, aber nicht das Altern oder die Alterung als Ganzes. Alterung oder Altern sind übergeordnete Begriffe, vielleicht Sammelbegriffe. Sie bedingen immer Vergleiche wie **früher** und **später** oder **vorher** und **nachher**, welche wiederum eigene Wahrnehmungen sind, die *eigene Zeit* andauern.

Zeit an sich währt, dauert und vergeht mit dem Wesen, sowie dessen Wahrnehmung eines Ereignisses und endet auch damit oder ist zu schwach und wird vergessen oder wird zur Erinnerung.
Ist also Zeit ein Teil der Wahrnehmung eines Ereignisses, dann verstreicht, währt und vergeht diese mit der gleichen Geschwindigkeit mit der das Ereignis wahrgenommen wird. Es entstehen Beschreibungen wie schnell und langsam. Geschwindigkeit ist dabei zu verstehen als schnell oder langsam fortschreitende individuell empfundene Wahrnehmung des Ereignisses.

Gegenwart ist ein anderes Beispiel. Ich erlebe meine Gegenwart bei genauer Beobachtung als eine Vielzahl von Ereignissen, die sich in schneller Folge oder langsam aneinanderreihen oder gleichzeitig zu passieren scheinen oder sogar passieren. Nicht alle Ereignisse jedoch werden von mir wahrgenommen, sondern nur die von mir Wahrgenommenen lassen Wahrnehmung, also *eigene Zeit*, vergehen. Überschlagen sich die Ereignisse, kann es sein, dass sich auch die Wahrnehmungen überschlagen oder es zu einem Stillstand kommt oder jede andere Möglichkeit der Wahrnehmung diese für mich Ereignis werden lässt. Wahrnehmung ist also immer verbunden mit **Gegenwart**. Selbst die Wahrnehmung in **Träumen**, auf die ich später kommen werde, ist in diesem Sinn Wirklichkeit und sie dauert *meine eigene Zeit*. Träume, auch wenn sie nicht erinnert werden, sind bzw. waren stets Gegenwart.

Vergessen verschafft *eigene Zeit*, bzw. Vergessen kann die Rückgewinnung von *eigener Zeit* sein. Vergessen ist nicht zu verstehen als das absichtliche Verdrängen von **Erinnerung** und Gedenken. Das wäre möglicherweise eine Frage nach Moral oder Schuld oder fehlender Einsicht. Vergessen hat auch

nichts damit zu tun, dass sich Schuld anderer nicht übertragen lässt. Schuld anderer ist deren Verantwortung. Schuld und Verantwortung lassen sich nicht delegieren, nicht übertragen, nicht verschenken und z.B. nicht vererben.
Ein Ereignis, an das ich mich erinnere, wird von mir so lange und immer wieder wahrgenommen wie die Erinnerung anhält. Es vergeht dabei jedes Mal neu *eigene Zeit*, es verliert an Wahrgenommen werden. Fehlt diese Erinnerung gänzlich, kann das Ereignis gar nicht mehr wahrgenommen werden, und die Wahrnehmung, *eigene Zeit*, nicht verstreichen. Vergessen steht in diesem Sinn direkt im Zusammenhang mit

Erinnerung.
Vergessen verschafft *eigene Zeit*. Sie wird zurückgewonnen. Fehlende Erinnerung lässt keine *eigene Zeit* verstreichen. Auch dies ist eine Rückgewinnung von *eigener Zeit*. Ähnlich ist es anscheinend mit Gewohnheit und Glück.

Gewohnheit lässt Erinnerung schnell blass werden und Wahrnehmungen von Ereignissen finden immer weniger statt. Es entsteht und vergeht wenig *eigene Zeit*. Dadurch findet eine Art Rückgewinnung von *eigener Zeit* statt, *eigener Zeit*, die mir zur Verfügung stünde, wenn ich neu die Wahrnehmung eines anderen Ereignisses hätte. Das Wahrnehmen eines Ereignisses kann ich nicht immer verhindern oder vermeiden, ich kann es auch nicht immer erzwingen. Sehr oft gerät Wahrnehmung aber durch Gewohnheit in Vergessenheit. Wenn ich z.B. einen fremden, fernen Stern nicht wahrnehme, findet dieses Ereignis auch nicht statt, und es vergeht keine *eigene Zeit*, obwohl ein anderer mir später von einer solchen Wahrnehmung berichten könnte. Der Himmel ist voller Sterne, die ich nicht wahrnehme. Bei einer Sternschnuppe kann es etwas anders sein. Ihren Weg verfolge ich vielleicht über eine oder zwei Sekunden. Dabei nehme ich diesen Himmelskörper

wahr und es entsteht *eigene Zeit*. Die *eigene Zeit* aus nicht wahrgenommenen Ereignissen steht mir häufig für andere Wahrnehmungen zur Verfügung. Verzichte ich auf sie, habe ich vielleicht Gewinn an *eigener Zeit*.
Fehlt auch Verzicht, vielleicht aus Gewohnheit, tritt schnell **Langeweile** ein. Langeweile setzt oft oder meistens den Zustand der Rückgewinnung von Zeit fort oder sogar voraus.

Wunschdenken

Zur Erinnerung:
Zeit ist die Wahrnehmung eines Ereignisses. Fehlt die Wahrnehmung, gibt es keine Zeit und kein Ereignis.

Wunschdenken hat meiner Meinung nach viel, eigentlich viel zu viel mit Selbsttäuschung zu tun. Wunschdenken kann aber auch idealisiert zu Frömmigkeit führen und in diesem Sinn von Anfang an als ehrliches Wahrnehmen eines Ereignisses *meines eigenen Ichs*, also meiner *eigenen Zeit* empfunden werden. Dafür gibt es genügend bewunderungswürdige Beispiele, die aber wiederum zu oft, wegen eindeutiger aber auch scheinbarer Aussichtslosigkeit, belächelt werden. Die ganz großen Vorbilder sehe ich z.B in Albert Schweitzer und Mutter Teresa. Leider steht der konsumierende Bürger diesen herausragenden Menschen manchmal ohne persönlichen Zugang gegenüber. Ein Zugang wäre das Wahrnehmen eines Ereignisses, nämlich Gleiches oder Ähnliches selber tun zu wollen und dies als *eigene Zeit*, zu empfinden.
Wunschdenken kann aber auch enorm in Hass und Neid begründet sein. Man denke nur an König Lear in Shakespeares Drama. An dem Beispiel der Verhaltensforscherin,

Dian Fossay, haben sich ebenso Neid und Hass, vielleicht auch Missgunst in einem schrecklichen Mordgeschehen niedergeschlagen. Es ist wohl mit das Schlimmste, einem anderen Menschen *andere Zeit* als dessen *eigene Zeit* durch Mord oder Totschlag aufzwingen zu wollen, weil demjenigen oder derjenigen jede weitere Möglichkeit der Wahrnehmung von Ereignissen gänzlich genommen wird.

Glück, Erfolg und Vorfreude

Zur Erinnerung:
Zeit ist die Wahrnehmung eines Ereignisses. Fehlt die Wahrnehmung, gibt es keine Zeit und kein Ereignis.

Mit **Glück** hat es eine ganz eigene Bewandtnis, allein schon deswegen, weil man sich Glück nicht „vornehmen" kann. Wünschen kann ich es mir, aber ich kann es mir nicht vornehmen oder beschaffen wie eben die Erinnerung oder Gewohnheit.
Selbst der **Erfolg**, der ein großes Glück sein kann und oft mit großer Erleichterung verbunden ist, hat viel mit Vergessen gemeinsam. Glück und Erfolg kommen sehr oft überraschend und werden noch nicht einmal immer gleich oder überhaupt wahrgenommen. Glück und Erfolg sind also nur dann Ereignisse der Wahrnehmung, wenn ich diese zur Kenntnis nehme. Bis dahin allerdings sind sie eine enorme Rückgewinnung von *eigener Zeit*. Aber auch die wird nicht immer als solche wahrgenommen. Wird sie jedoch als solche entdeckt, kann diese gewonnene *eigene Zeit* das Glücksgefühl und das Erfolgserlebnis gewaltig erheben.
Gewohnheit, Glück und Erfolg sind wie nicht beachtete Sterne am Abendhimmel. Erst als Sternenschnuppe erhalten sie

Bedeutung und werden wahrgenommen. Gewohnheit, Glück und Erfolg haben noch eine weitere große Gemeinsamkeit. Alle drei sind bis zu ihrem Eintreffen Arten des Vergessens, des sich nicht Erinnerns und rufen bis dahin auch kaum Wahrnehmungen als Ereignisse hervor. Werden sie jedoch wahrgenommen, sind sie bereits geschehen. Sie werden bis dahin höchstens als ein Zustand erkannt. Sicher, Vergessen kann wachsen und sich damit verändern, was ich auch wahrnehmen kann. Damit aber verschwindet es aus dem Zustand des Zeitgewinns und geht wieder über ins Vergehen *eigener Zeit*.

Vorfreude erhebt sich über alle drei, weil sie Gewohnheit, Glück und Erfolg in Vorwegnahme der Wahrnehmung eines angenehmen Ereignisses in *eigene Zeit* ummünzt, die noch gar nicht stattgefunden hat. Vorfreude schenkt in diesem Sinn *eigene Zeit*. Die vergeht nicht, weil die Wahrnehmung eines Ereignisses noch nicht stattfindet bzw. nicht stattgefunden hat. Vorfreude wird sehr oft über einen langen Zeitraum wahrgenommen. Sie kann nie *meine eigene Zeit* werden, weil sie nichts mit der Entdeckung oder Wahrnehmung der eigenen Person zu tun haben kann, und von der Logik her mich im Vorwege fast ausschließlich auf ein Ereignis vorbereitet, welches außerhalb des eigenen Ichs liegt. Empfängnis und bevorstehende Geburt können ebenfalls wie Vorfreude nicht *meine eigene Zeit* werden. Auch sie haben in diesem Zusammenhang nichts mit der Entdeckung oder der Wahrnehmung der eigenen Person zu tun.

Verzeihen und Träume

Zur Erinnerung:
Zeit ist die Wahrnehmung eines Ereignisses. Fehlt die Wahrnehmung, gibt es keine Zeit und kein Ereignis.

Verzeihen steht in einem ähnlichen Zusammenhang wie das **Vergessen** zu *eigener Zeit*. Beide Begriffe können über lange Zeiträume, Summe von Ereignissen *eigener Zeit*, neue *eigene Zeit* schaffen und können schleichend die Wahrnehmung neuer bzw. anderer Ereignisse verhindern. Das Bewusstsein, über mehr *eigene Zeit* zu verfügen, wird unterschiedlich wahrgenommen. Überwiegend äußert es sich in **Erleichterung**, einer besonderen Art der Wahrnehmung eines Ereignisses. Vergessen und Verzeihen bewirken eigenen Zeitgewinn. Der ist sehr abhängig vom Grad bzw. der Schwere des Verzeihens und des Vergessens. Große Schuld großzügig zu vergeben und großes Vergessen zu erleben, bewirken nicht zwingend auch einen großen eigenen Zeitgewinn. Der hängt völlig davon ab, wie alle Betroffenen ein solches Ereignis wahrnehmen. Die einfachen Sensationen, schnell und langsam, werden unaufhaltsam erweitert und abgemildert durch eigenes Empfinden, seien es Mitleid, Trauer, Schmerz, Wut, Hass, Unwissenheit und z.B. Unzufriedenheit und Selbstzufriedenheit.

Träume, Schlafträume, unterliegen meistens der Nichtbeachtung, hauptsächlich wohl, weil sie so flüchtig, nicht beweisbar, nicht abrufbar, unbegründet und rasend schnell sein können. Trotzdem verschaffen sie oft genug große Aufregung und Aufmerksamkeit, ja erfahren unbewusst richtungsweisende Bedeutung und greifen mit und ohne meine Erlaubnis in mein Leben ein. Sie sind Ereignisse, die ich wahrnehme und die mich manchmal mehr Wahrnehmung, also mehr *eigene Zeit* kosten, als ich will oder darf. Sie können mich verfolgen und nicht loslassen. Sie können mehrmals wahrgenommen werden und schaffen so neue, andere Ereignisse, die ich nicht verhindern kann, die auch dazu neigen, ein unkontrolliertes Eigenleben zu führen. Sie können zu Monstern erwachsen, die meinen Alltag bestimmen und mich verändern. *Meine eigene Zeit* kann durch Träume dramatisch verändert werden. Es vermischen sich dann *eigene Zeit* und *meine eigene Zeit*. Die zu unterscheiden ist ohnehin schwer, wird aber unter traumhaften Erlebnissen leicht eine irreale Vergänglichkeit oder Gegenwart, die kaum auseinander zu halten sind. Noch schwieriger ist es bei Tagträumern und Tagträumerinnen. Die Gegenwart solcher Träume, die in einem scheinbar wachen Zustand der Person entstehen, z.B. auf dem Parkplatz beim Verlassen des Supermarktes, wobei sich der Einkaufswagen verselbständigt und von alleine in ein anderes Auto rollt, wird sehr oft bei Frauen nicht mehr von der Realität unterschieden. Die Wahrnehmung eines solchen Tagtraumes bei einem Mann würde vielleicht so kommentiert werden: „..das passiert, wenn man träumt", bei einer Frau: „...ich habe grade so schön geträumt". Beide Personen haben *eigene Zeit* erlebt und sind selbst, fast als Entschuldigung beim Erwachen, in *andere Zeit* geflüchtet.

Die Wahrnehmung eines Ereignisses

Zur Erinnerung:
Zeit ist die Wahrnehmung eines Ereignisses. Fehlt die Wahrnehmung, gibt es keine Zeit und kein Ereignis.

Die **Wahrnehmung** eines Ereignisses ist nicht abstrakt, sondern höchst individuell und subjektiv. Es könnte sonst die Übertragung der Wahrnehmung eines Ereignisses von einer Person auf eine andere möglich sein und erfolgen. Das ist aber nicht möglich. Jedes Wesen nimmt jedes Ereignis anders wahr. Ereignisse, die von vielen Menschen scheinbar gleichzeitig wahrgenommen werden, sind nicht gleichzeitig. Das gilt sowohl für das Ereignis als auch für dessen Wahrnehmung. Für jeden Beobachter des scheinbar Gleichzeitigen gilt eine andere *eigene Zeit* der Wahrnehmung. Was für den einen schnell ist, ist für einen anderen langsam. Es gibt „Knallzeugen", die haben nichts gesehen, sondern nur etwas gehört und behaupten, über das Geschehen voll im Bilde zu sein und sind selbst von der Richtigkeit ihrer Aussage überzeugt. Andere haben alles gesehen und behaupten glaubhaft, nichts gesehen zu haben. Mit dem Ende der Wahrnehmung eines Ereignisses endet auch die *eigene Zeit*. Das allerdings kann kaum wahrgenommen werden, weil die Vielzahl und die Intensität der individuell gleichzeitig wahrgenommenen Ereignisse normalerweise so groß ist, dass das Enden eines einzelnen Ereignisses nicht registriert werden kann.

Es herrscht pausenloser Übergang von der Wahrnehmung eines Ereignisses zu einem anderen und das ununterbrochene Nebeneinander von wahrgenommenen und wahrzunehmenden Ereignissen.

Es ist oft sehr schwer, sich ernsthaft über den Ablauf *eigener Zeit* unter solchen Umständen klar zu werden und darüber Auskunft geben zu können.

Unglück, Panik/Entsetzen, Neugier

Zur Erinnerung:
Zeit ist die Wahrnehmung eines Ereignisses. Fehlt die Wahrnehmung, gibt es keine Zeit und kein Ereignis.

Großes **Unglück** ruft bei Unbeteiligten, Verschonten oder Betroffenen fast immer unüberbrückbaren Zwiespalt und das Gefühl, **ohnmächtig** zu sein, hervor. Dabei definiert niemand ernsthaft, was ein großes Unglück ist. Kurioses steht manchmal neben Monströsem, Verhängnisvolles neben größter Tragik, Enttäuschung neben Leid und Ungerechtigkeit hautnah neben Folter und Unterdrückung. Man ist zu schnell und zu leicht überfordert und andererseits auch wiederum bemüht, sich in die aussichtslose, weil bereits geschehene Situation der Verunglückten oder des Unglücks zu versetzen. Es gibt aber keine Möglichkeit, dieses Ereignis nachträglich so wahrzunehmen, wie es geschehen ist. Der Versuch dazu entsteht vielleicht mit dem Hintergedanken, einen Weg zur Verhinderung des Passierten im Nachhinein zu finden, und es doch noch aufhalten zu können. *Eigene Zeit* geht hier über in *andere Zeit*. *Meine eigene Zeit* wird mir fremd und ich erlebe intensiv *andere Zeit*. Wie schrecklich und intensiv müssen Menschen leiden, die im Nachhinein von unmenschlichen Qualen ihrer Liebsten erfahren haben.

Panik und **Entsetzen** sind enge Geschwister. Panik verschiebt die Möglichkeit einer Trennung von *eigener Zeit* und *anderer*

Zeit völlig. Entsetzen verlässt *eigene Zeit* und *andere Zeit* und flieht in *meine eigene Zeit*. Alle Theorie über eine solche Trennung wird im Zustand einer Panik von den meisten Betroffenen über den Haufen geworfen. Sich aber über eine solche Situation in einer Panik bewusst zu werden, zu unterscheiden zwischen *eigener Zeit* und *anderer Zeit*, könnte schlagartig Ruhe und Besonnenheit bewirken.
Panik ist das krasse Gegenteil von Glück und Erfolg. Panik raubt im Geschehen die *eigene Zeit* und vermischt sie sofort mit *anderer Zeit*, die sich der Betroffene aneignet und, als wäre es nur noch *eigene Zeit*, danach handelt oder eben nicht. Er erlebt alles gegen seinen Willen, gegen jede Absicht und gegen seine Vernunft.
Vernünftiges Handeln in einer Panik erhebt den „Vernünftigen" über die meisten der Betroffenen. Seine Wahrnehmung eines solchen Ereignisses ist oft Besonnenheit und genaue Beobachtung in *eigener Zeit*.

Panik und **Unfallgeschehen** haben scheinbar dieselben Muster, wenn die Trennung von *eigener Zeit* und *anderer Zeit* bei der Wahrnehmung eines Ereignisses beobachtet werden soll. In beiden Situationen sind zu häufig die Schnelligkeit und das Plötzliche des Geschehens eines Ereignisses so verwirrend, dass selbst im Nachhinein eine solche Trennung unmöglich scheint. Nur eine solche Trennung aber könnte Ruhe und vielleicht Rettung und Hilfe bringen. Entsetzen wird fast ausnahmslos im Nachhinein nicht aufgearbeitet. Entsetzen hält an. Es wird zu *meiner eigenen Zeit*, zu einem Teil Bestandteil meines Ichs.

Neugier ist ein fundamentaler Antrieb der Menschheit. Die wird wesentlich geschürt durch die Frage: „Was gibt es auf der Welt, was ich nicht weiß". Dieser Frage, eigentlich der Antwort auf diese Frage, gehen alle nach, die glauben in der

Beantwortung Vorteile für sich, für den Befragten und für die Menschheit zu finden. Dazu gehören sämtliche Nachrichtendienste, Zeitungen, Fernsehen, Politiker, darstellende und bildende Kunst, Musik, Jungbrunnenverkäufer, Diktatoren, Demagogen, Weltverbesserer, die Bibel, Lexika und alle diejenigen und dasjenige, welche und welches von etwas berichten oder schreiben, was für den Zuhörer oder den Leser stets Wahrnehmungen von Ereignissen durch andere sind, also *andere Zeit* ist. Nur diejenigen, die mit der Leistung der Erstellung dieser Nachrichten oder Mitteilungen selbst betraut sind, könnten ihre Leistungen völlig zu Recht als Wahrnehmungen von Ereignissen in *eigener Zeit* mitteilen. Leider aber wird *andere Zeit* allzu oft für *eigene Zeit* gehalten. Das ist dann keine Frage von Vertrauen oder Glauben, sondern schlicht die Frage nach Aufgeklärtheit, Unwissenheit und Bequemlichkeit. So ergeben sich **Falschnachrichten, fake news,** wie auch Unglauben über Gelesenes und Gehörtes. Sogar Gesehenes unterliegt diesen Fragen und wird hingenommen oder bezweifelt. Nur selten besteht die Möglichkeit des Hinterfragens. Die einmalige Chance dazu ist immer mit dem Augenblick der Wahrnehmung eines Ereignisses vertan oder vorüber, so dass eigene Wahrnehmung eines solchen Ereignisses, *eigene Zeit*, ausgeschlossen ist oder auch wird. Andererseits erzeugt die Neugier bei Umsichtigen den Drang nach eigener Wahrnehmung von Ereignissen, nach *eigener Zeit*. Es besteht aber auch hier die Gefahr, dass diese Menschen wiederum zu Vermittlern von Wahrnehmungen von Ereignissen in *eigener Zeit* an andere Personen werden und die eigene Wahrnehmung bei anderen ersetzen durch *andere Zeit*. Wahrnehmungen von Ereignissen in *eigener Zeit* sind wichtig, weil praktisch ausnahmslos die Wahrnehmung in *eigener Zeit* völlig anders ist als die in *anderer Zeit*. Das liegt nicht immer daran, dass gelogen, nur die halbe Wahrheit wiedergegeben wurde oder der Standpunkt des Anderen eben ein völlig anderer ist, sondern auch einfach an der Tatsache, dass Wahrnehmungen in *eigener Zeit* in *anderer Zeit* nicht existieren können. Die Umstände und Zusammenhänge sind völlig anders und verändert. Auch die Voraussetzungen zur Wahrnehmung sind völlig unterschiedlich. Tageszeit und Gesundheitszustand, Bereitschaft zur Wahrnehmung sowie die individuelle Qualifizierung der Wahrnehmung spielen eine gewaltige Rolle, die unbewusst Einfluss hat, meistens aber bewusst hingenommen wird.

Zeit stehlen, sich Zeit nehmen, Lügen, Zeitdieb, und mir läuft die Zeit davon

Zur Erinnerung:
Zeit ist die Wahrnehmung eines Ereignisses. Fehlt die Wahrnehmung, gibt es keine Zeit und kein Ereignis.

Jemandem **die Zeit stehlen**, meint etwas ganz Fatales. Wenn mich mein ungebetener, ungeliebter Nachbar fragt, wie es mir geht, habe ich schnell den Gedanken: „...der stiehlt mir *meine eigene Zeit*" als Wahrnehmung von Ereignissen meines Ichs durch mich. Die schließt sämtliche Ereignisse außerhalb davon aus. Tatsächlich dringt diese harmlose Frage tief in meine Wahrnehmung eines Ereignisses, nämlich in die Frage nach meiner Gesundheit und macht *meine eigene Zeit* gleichzeitig zu *anderer Zeit*. Bei mir bleibt der Gedanke hängen, ein Stück *meiner eigenen Zeit* an einen **Zeitdieb** zu verlieren. Längere Gespräche, Handlungen, Forderungen und Erpressungen jeder Art verschlimmern mir diese Vorstellung, und meine Ablehnung wird immer größer. Je größer aber die Ablehnung, also der vermeintliche Diebstahl ist, desto größer ist auch die **Erleichterung**, wenn der Diebstahl wieder endet. Es beginnt das große Aufatmen. *Meine eigene Zeit* an einen anderen Menschen zu verlieren ist dramatisch, ja tragisch, weil es keine Widergutmachung durch den anderen geben kann. Widergutmachung kann ich mir nur selbst verschaffen, indem ich den Vorgang absichtlich vergesse. Das absichtliche Vergessen schenkt mir aber nicht die verlorene *eigene Zeit* zurück. Die wird mir nur zum Geschenk, wenn ich tatsächlich sofort vergesse.

Ganz anders sieht es aus, wenn sich jemand **für mich Zeit nimmt**. Eine liebe angenehme Nachbarin, die mir einen Besuch abstattet oder freundliche, aufgeweckte Kinder können sich bewusst oder unbewusst an mir Zeit lassen oder Zeit für mich nehmen. Sie werden zu Wahrnehmungen *meiner eigenen Zeit*, wenn sie z.B. die einfache Frage nach meinem Befinden stellen, oder mir aus Kindermund die große, weite Welt erklären, und ihnen meine Sympathie und Dankbarkeit entgegenschlägt. Erholsam und nachhaltig können solche Begegnungen sein.
Auch, wenn ich die Gelegenheit bekomme, mir für andere **Zeit** zu **nehmen** oder zu lassen, erlebe ich häufig Wahrnehmungen *meiner eigenen Zeit.* Allerdings muss ich die im Nachhinein manchmal kritisch hinterfragen und betrachten, weil ich nicht weiß und nicht abschätzen kann, ob der andere es genauso empfindet wie ich. Es könnte ja sein, dass ich dem Gegenüber den Anschein erwecke, mich ihm aufzudrängen. Das wäre gleichbedeutend damit, ihm Zeit zu stehlen und zu einem Zeitdieb zu werden. Was für mich in dem Augenblick wichtig ist, kann für den anderen todlangweilig sein. Seine Höflichkeit aber bzw. andere Gründe bewegen ihn vielleicht, mich das nicht wissen und spüren zu lassen. Es ist immer eine Art von Selbstaufklärung sich über die *eigene Zeit*, *meine eigene Zeit*

und *andere Zeit* und deren Bedeutung klar zu werden, ohne dabei Selbstkritik in den Vordergrund zu rücken und ohne darin Negatives oder sogar Verneinendes ergründen zu wollen.

Lügen.
Psychologen sollen herausgefunden haben, dass Menschen täglich bis zu 200 Mal lügen. Besser wäre es vielleicht zu behaupten, dass sie so oft nicht die Wahrheit sagen. Das ist aber auch nicht der Fall, wäre aber etwas völlig anderes als zu behaupten, dass sie lügen. Wenn ich frage: „Wie geht es Ihnen", erhalte ich meistens die Antwort: „Danke, gut". Das soll schon eine Lüge sein. Gehe ich davon aus, dass die Frage wohlgemeint war und die Antwort keine Lüge, dann gibt es nur die Erklärung, dass der Befragte sich dagegen wehrt, die Wahrnehmung eines höchst persönlichen Ereignisses in Form von *meiner eigenen Zeit* preiszugeben. Er gibt eine eingeübte Antwort, die den Fragenden befriedigt und den Befragten beruhigt, weil es ihm eigentlich nicht immer gut gehen kann. Es ist hierbei auch egal, wie es dem Befragten wirklich geht. Das ist also keine Lüge, sondern eine Art Selbstschutz. Wer sich die Mühe macht, die restlichen 199 „Lügen" darauf hin zu untersuchen, ja, besser, zu analysieren, kommt wahrscheinlich wie ich zu dem Ergebnis, dass diese scheinbaren Lügen insgesamt der Schutz von *meine eigene Zeit* vor den Unterstellungen sind, von der *anderen Zeit* des Fragenden eingenommen zu werden. Stelle ich die Frage, ob jemand jemanden gesehen hat oder ob jemand beim Friseur gewesen war oder ob jemand schon etwas gegessen oder getrunken hat, dann besteht vielleicht bei der Frage nach dem Friseur Angst um *meine eigene Zeit,* weil plötzlich Eitelkeit, Selbstwertgefühl und vergleichendes Aussehen eine wichtige Rolle spielen. Vielleicht antwortet der oder die Befragte ausweichend, wenn er oder sie nicht dort gewesen ist, oder

bejahen dies indirekt: „..kann man das sehen?", falls sie dort gewesen ist oder, oder, oder.
Die sogenannten alltäglichen Lügen entlarven sich schnell als Selbstschutz und zeigen mir deutlich, wie oft Menschen mit indiskreten Fragen zu unrichtigen Antworten verleitet, vielleicht auch getrieben werden. Meiner Meinung nach sind die meisten 199 Antworten ein Selbstschutz, der mit Lügen oder Unwahrheit nichts zu tun hat. Außerdem sind Antworten auf die täglichen 200 Fragen in keiner Weise verpflichtend und sollten somit von kompetenter Seite nicht als Lügen gebrandmarkt werden.

Mir läuft die Zeit davon!
Wir wissen, dass Zeit abstrakt ist und dass *„die Zeit"* nur im Zusammenhang mit festen Definitionen bzw. Dimensionen Sinn ergibt. Jemand der in Eile ist und mir sagt, dass ihm die Zeit davonläuft, reagiert ganz natürlich auf ein enormes Bedürfnis, nämlich er äußert indirekt den Wunsch, dass ihm mehr Zeit, und er meint mehr *eigene Zeit* zur Verfügung stehen sollte. Dieser Wunsch ist nachvollziehbar, denn in Eile kann man kaum oder nur in Bruchteilen Ereignisse wahrnehmen. Das strengt an. Es entsteht wenig oder gar keine *eigene Zeit*. Das wird in Verzweiflung zum Ausdruck gebracht. Ruhe und Entspannung können in eine solche Situation nur gebracht werden, wenn man sich über diesen Zustand oder Umstand im Klaren ist und sich besinnt auf die Ereignisse und Dinge, die weitgehend in ihrem Umfang und in ihrer Gegenwart wieder wahrgenommen werden sollten und könnten. Ist dies nicht möglich, weil „die Zeit drängt", was auch nicht richtig ist, sondern es müsste heißen, *andere Zeit* bedrängt mich so sehr, dass ich keine *eigene Zeit* mehr finde oder habe, dann ist das Vermischen von *eigener Zeit* und *anderer Zeit* mit all der Unglaubwürdigkeit und Glaubwürdigkeit nicht zu verhindern. Es läuft zwar immer noch

nicht Zeit davon, aber *eigene Zeit* versucht man vergebens zu erleben. Trifft dies aber endlich wieder ein, bei bewusster oder unbewusster Wahrnehmung eines Ereignisses, scheint der Gedanke an die davonlaufende Zeit wie verflogen, und man kann wieder aufatmen. Es kann sehr schön, d.h. befriedigend und beruhigend, weil erfüllend, sein, *eigene Zeit* bewusst oder auch unbewusst zu erleben.

Schutz der Umwelt, Menschenrechte, künstliche Intelligenz

Zur Erinnerung:
Zeit ist die Wahrnehmung eines Ereignisses. Fehlt die Wahrnehmung, gibt es keine Zeit und kein Ereignis.

Ein neuer Aspekt, ja eigentlich eine längst überfällige, überlebenswichtige Einschätzung der Wichtigkeit von *eigener Zeit* und *anderer Zeit* und hauptsächlich sogar von *meine eigene Zeit,* als Wahrnehmung von Ereignissen meines Ichs durch mich, und ein äußerst positiver Wandel, ein Bewusstseinswandel, ist die Einsicht den **Schutz der Umwelt** zu verstehen, wenigstens darüber nachzudenken. Ich bin bemüht, diesem Schutzgedanken Leben, Eigenleben, *eigene Zeit*, zuzugestehen, ihn für mich zu erobern, ihn in keiner Weise in Frage zu stellen. Diese *eigene Zeit* ist völlig neu. Sie soll dem Schutzgedanken dazu verhelfen, Leben, ein Eigenleben zu führen. Das darf keine Aufforderung zu einem Schmusekurs sein, denn die enormen Gefahren der Umwelt bekommen wir und andere täglich zu spüren. Der offenbar sicherste Weg für die Umwelt und deren Schutz sowie für das Überleben der Menschen sind anscheinend Rückzug, Einsicht und unberührtes Überlassen.

Die Eindringlichkeit, mit der versucht wird, dies zu ermöglichen, ist nicht nur ein Erfolg der unermüdlichen Aktivisten, die zu Lande und zu Wasser, im Orbit und in der Atomdebatte aufopferungsvoll kämpfen. Es ist ebenso ein Erfolg der Aufgeklärtheit breiter Volksschichten, verbunden mit der Einsicht von Verantwortlichen, und in ganz besonderem Maß mit dem Verhalten jedes Einzelnen. Ich bin bemüht, bewusst oder unbewusst, nach den Maßstäben einer neuen *eigenen Zeit* für den Umweltschutz und einer neuen *anderen Zeit,* nämlich beispielhaftes Bemühen und Vorgehen, die dem Umweltschutz entspringt und mir zugutekommt, zu leben und zu handeln, und auch andere anzustiften, danach zu handeln. Es werden dem Einzelnen nicht nur Respekt, Verständnis, Verzicht und z.B. Einsicht abverlangt, sondern es wird vielmehr, und das ohne akademische Debatten, dem **Umweltschutz** an erster Stelle ein Eigenleben unterstellt. Dieses Eigenleben muss, weil es sich um lebendige Natur handelt, es eigene Existenzen aufweist, weil es über eigene Körper verfügt, vielleicht eigene Seelen, Gedanken und Glauben usw. haben kann, auch als Wahrnehmung von Ereignissen wahrgenommen werden.
Ich möchte dieses Eigenleben *„meiner eigenen Zeit"* neu zuordnen, und daran mitarbeiten, teilhaben und es erleben können.
Neu daran ist, dass nicht mehr *andere Zeit* zu meiner *eigenen Zeit* gemacht wird, sondern dass ich Gelegenheit bekomme, dem Umweltschutz *meine eigene Zeit* als seine *eigene Zeit* zu überlassen. Das sind Respekt, Verständnis, Verzicht und z.B. Einsicht, einige der Schlüsselwörter und möglichen Handlungen, die diesem nachhaltigen und nach außen getragenen Frieden zwischen mir und der Umwelt und deren Schutz Rechnung tragen sollen.
Leider werden diese Notwendigkeiten noch von zu vielen Umweltgegnern, vielleicht besser Umweltleugnern, nicht ernst

genug genommen und es wird weiterhin versucht, nicht nur mir sondern auch dem Eigenleben des Umweltschutzes deren *andere Zeit* als dessen *eigene Zeit* einzuverleiben.

Ein weiterer Aspekt, Jahrzehnte alt, ist der permanente Ruf nach Einhaltung der **Menschenrechte**. Er ist ein Kampf gegen alles, gegen Vorurteile und Macht vor allen Dingen, und bleibt doch eine ständig sich wiederholende Forderung nach ihrer Würde. Die Einschätzung dieser fundamentalen Wichtigkeit und ihrer Wirklichkeit, einfach, weil es so sein muss, verlangt ebenfalls meine *eigene Zeit*. Sie darf nicht von unwürdiger *anderer Zeit* besetzt werden. Es darf nicht sein, dass meine *eigene Zeit*, die Wahrnehmung der Menschenwürde, durch *andere Zeit*, die Vorurteile, Macht zu ihrer Nichteinhaltung benutzen und beinhalten und Lügen verbreiten, verleugnet wird.
Es ist ein Bewusstseinswandel auf vielen Ebenen notwendig. Die Einsicht, Menschenrechte zu verstehen und einzuhalten und darüber nachzudenken, ist so überlebenswichtig wie das Aufstehen für den Schutz der Umwelt.
Ohne geschützte Umwelt sinkt der fundamentale Menschenrechtsgedanke in eine Zweitrangigkeit, mit ihr aber wird der Gedanke hervorragend für jeden Menschen.
Ich bin bemüht, diesem Rechtsgedanken Leben, Eigenleben, *eigene Zeit*, zu vermitteln, ihn für mich zu erobern, ihn nicht in Frage zu stellen. Diese *eigene Zeit* zu verschenken ist völlig neu für mich. Sie soll dem Rechtsgedanken ebenfalls zu Leben, zu Eigenleben, verhelfen.
Die Eindringlichkeit, mit der dieses allgemein geschieht, ist nicht nur ein Erfolg der unermüdlichen Menschenrechtsaktivisten, die in vielen Ländern aufopferungsvoll kämpfen und leiden. Es ist ebenfalls ein Erfolg der Aufgeklärtheit breiter Volksschichten, verbunden mit der Einsicht und deren Verbreitung durch viele Verantwortliche

und in ganz besonderem Maß des Verhaltens jedes Einzelnen, der bewusst oder unbewusst nach den Maßstäben einer *eigenen Zeit* und einer *anderen Zeit* jedem ein menschenwürdiges und menschengerechtes Leben sichern und garantieren möchte.

Ein gewagter Sprung führt mich nun zu der Wahrnehmung sogenannter **künstlicher, virtueller oder** für mich auch **imaginärer Intelligenz**.
Künstlich deswegen, weil sie nicht durch natürliche Vorgehensweise, sondern durch technische Prozesse, Algorithmen, entsteht, **virtuell**, weil sie ohne Materie, aber im sichtbaren Bereich bestehen und funktionieren kann und **imaginär**, weil sie eigentlich eine Folge von ausgesuchten Abläufen, Algorithmen ist, denen ich keine Intelligenz zusprechen kann. Dabei steht der Begriff Intelligenz fast im luftleeren Raum der, wie in einer Nebelkammer, von den Spuren schneller Vergänglichkeit wie z.B. soziales Denken, Fühlen, Sympathie, Empathie, Mitleid, Liebe und vielleicht Glauben durchkreuzt wird. Das soll ein Einwand sein und keine Beschreibung dessen, was Intelligenz für mich bedeutet.
Der heute gängige Ablauf von Algorithmen ist oft so erschreckend ermüdend, ernüchternd und schnell langweilig, was leider auch im „richtigen Leben" vorkommen kann, dass die Frage nach Intelligenz eigentlich nicht oder noch nicht gestellt werden darf. Vielleicht sind die Fragen nach bequemer Anwendung, leichtem und einfachem Gebrauch und Verbrauch sinnvoller angebracht. Es lassen sich überraschende Ergebnisse erzielen, z.B. Sprengroboter, Gehirnoperationen am Bildschirm, autonome Fahrzeuge, Altenpflegeassistenten usw. usw. bis hin zu aktiven Mars- und Planetensonden. Trotzdem sind aktive und passive Intelligenz für mich in diesem Zusammenhang nicht nachvollziehbar bzw. erkennbar. Meine Wahrnehmung und Begegnung eines Ereignisses von

sogenannter „künstlicher Intelligenz“ lässt *eigene Zeit* vergehen. Dabei weitet sich meine Wahrnehmung über den Umweg, sogenannte künstlicher Intelligenz zu erleben, schnell aus auf die enorme Geistesleistung der Produzenten, Hersteller und Entwickler. Nur durch sie nehme ich *eigene Zeit* wahr, auch wenn deren Geräte in der Lage sind, mir scheinbar freundschaftlich die Hand zu geben.

Eifersucht, Krankenhaus und Friedhof

Zur Erinnerung:
Zeit ist die Wahrnehmung eines Ereignisses. Fehlt die Wahrnehmung, gibt es keine Zeit und kein Ereignis.

Eifersucht, Krankenhaus und Friedhof weisen im Zusammenhang von *eigener Zeit*, *anderer Zeit* und *meiner eigenen Zeit* seltsame Gemeinsamkeiten auf.
Eifersucht hat immer Verlustängste im Schlepp. Sie quält den Menschen mit Selbstvorwürfen wie: „ es ist alles meine Schuld, hätte ich doch oder hätte ich nicht..“ und macht ausnahmslos den verhängnisvollen Sprung in die Vorstellung, etwas besitzen zu müssen. Meistens ist es die Liebe eines anderen Menschen, ja, dessen Besitz scheinbar mit Recht zu beanspruchen, und den anderen gleichzeitig absichtslos oder absichtlich zu entmündigen. Eifersucht ist die Wahrnehmung eines Ereignisses, z.B. der Begegnung eines anderen als *meine eigene Zeit* zu empfinden, und dabei die *andere Zeit*, nämlich der Wahrnehmung desselben Ereignisses durch den anderen oder die andere, zu ignorieren. Die Wahrnehmung als *meine eigene Zeit* zu empfinden, ist vielleicht gar nicht zu abwegig, weil Eifersucht schnell zu einem festen Wesensbestandteil eines Menschen werden kann. Das kann aber trotzdem nicht

richtig sein, weil es sich eindeutig um die Wahrnehmung eines außerhalb des eigenen Ichs befindenden Ereignisses handelt, dessen zeitliche Auswirkungen nur den Schein erweckt, es handle sich um eine persönliche substantielle Wahrnehmung. Es wird in diesem Zusammenhang nicht von einer Veranlagung eines Menschen gesprochen. Das wäre ein ganz anderes Thema. Es handelt sich also eindeutig um scheinbar *eigene Zeit* die wahrgenommen wird. Schlimmer noch, der oder die Eifersüchtige begeht Raub an *anderer Zeit,* das ist *eigene Zeit,* die vom Eifersüchtigen seinem Gegenüber geraubt wird und die sein Gegenüber nun nicht mehr wahrnehmen soll, vielleicht sogar nicht mehr kann. Eifersucht ist ein klassischer Zeitdieb.

Im **Krankenhaus** ist jemand als Patient oder als Besucher, wenn es nicht sowieso sein Arbeitsplatz ist. Von letzterem sei hier aber nicht gesprochen.
Hauptsächlich betrachte ich den Patienten, der in Verzweiflung oder mit viel Einsicht und Verständnis das Haus aufsuchen muss. Beide Situationen liefern den Patienten einer gewissen Willkür und Herrschaft des Personals und der Ärzte, aber auch einer enormen und manchmal ungewohnten Umsicht und Versorgung aus. Das erleben viele Patienten als neu und fühlen sich trotzdem, entmündigt. Schlimmer bzw. gänzlich anders ist jedoch das Bewusstsein, einem Leiden, einer Krankheit ausgeliefert zu sein. Das ist scheinbar eine fundamentale Wahrnehmung *meiner eigenen Zeit*. Versagensängste, Verlustängste, Todesängste sind eigentlich die unvermeidlichen Begleiterscheinungen und werden auch als solche aufgenommen. Selbst positive Trotzhaltungen und Einstellungen zum Kranksein ändern daran wenig. Diese Empfindungen trügen, denn die Angst wird schnell als Versagen und eigene Schuld und Ohnmacht interpretiert. Der menschliche Körper war und ist einem Angriff unmenschlicher, schädlicher äußerer oder innerer erkrankender Einflüsse

begegnet, und es ist tatsächlich eine Wahrnehmung von Ereignissen der *eigenen Zeit*.

Der Patient sieht sich eigentlich immer, seit dem Beginn der Krankheit oder dem Beginn des Krankenhausaufenthaltes, auf dem hoffentlich kurzen Weg der Behandlung und mit dem Ziel der Entlassung.

Die Verantwortlichen des Hauses sehen und übernehmen ihre Aufgabe aber in der begleitenden und behandelnden Verantwortung für den Patienten, sogar mit dem manchmal unvermeidlichen, unausweichlichen Ende als Ziel. Sie hinterfragen nicht Schuld oder Unschuld, sondern sachliche Umstände, Verhaltensweisen, Heilungsmöglichkeiten usw. Sie sind bemüht, ihre Wahrnehmung der Ereignisse in ihrer *eigenen Zeit* dem Patienten als seine *eigene Zeit* zu vermitteln. Sie ist aber *andere Zeit* für den Patienten. Die Verantwortlichen werden so, selbst und sogar in edler Absicht, zu Zeitdieben am Patienten. Sie begehen Raub an *anderer Zeit,* das ist die *eigene Zeit* des Patienten, die ihm geraubt wird und die er nun nicht mehr wahrnehmen soll und oder auch vielleicht, weil er es nicht mehr kann oder sogar nicht will. Verantwortliche in Krankenhäusern sind meistens wie eifersüchtige Menschen klassische Zeitdiebe.

Auf dem **Friedhof** und an manchen öffentlichen Gedenkstätten herrscht viel Erinnerung und schnell Vergessen. Grabsteine, Holzkreuze und andere Gedenkzeichen sollen nicht nur festhalten, wer hier ruht, sondern auch, jedenfalls ist das für viele Menschen wichtig, was passiert ist und dass der- oder diejenige in Frieden ruhen soll. Hauptsächlich aber soll wohl Erinnerung stattfinden, Ruhe und Besinnlichkeit einkehren. Sind die unmittelbaren noch lebenden Bezugspersonen auch dessen müde, stellt sich Vergessen ein. Es können ja eigentlich auch keine Wahrnehmungen neuer Ereignisse in *eigener Zeit* für den Besucher stattfinden. Es vergeht aber auch auf dem Friedhof *eigene Zeit,* d.h. es erfolgt die Wahrnehmung von Ereignissen. Die finden sehr oft durch neues Nacherleben von Vergangenem statt. *Meine eigene Zeit* hat in den Trauernden immer Erlebnisse konserviert. Die können in neuem Gewand zu neuem Leben erweckt und so neu zu *eigener Zeit* werden. Ist dies gar nicht der Fall, wird der Besucher zu einem neugierigen Spaziergänger, der vielleicht ein Motiv für eine Melodie, ein Bild oder nur Entspannung sucht. Viele andere Besucher bestehen jedoch aus Gärtnern, Gartengestaltern sowie den Bestattern. Sie bilden ein Heer, welches besonders im Trauerfall scheinbar Hilfe und Trost spenden will und sollte. Sie drängen sich aber in erster Linie auf, mit Wahrnehmungen anderer Ereignisse, also *anderer Zeit*, die sie dem Trauernden, dem Kunden, als deren Wahrnehmungen von Ereignissen in *eigener Zeit* anbieten oder sogar aufzwängen. Dem Trauernden wird die Gelegenheit, diesbezügliche Wahrnehmung in *eigener Zeit* zu machen, schwer gemacht oder gar vorenthalten.

Auch hier sind die scheinbaren Helfer, Tröster, Bestatter und Grabredner wie die Verantwortlichen in Krankenhäusern und wie eifersüchtige Menschen, klassische Zeitdiebe. Wie weit es verantwortet werden kann, auch die Vertreter von Religionen und Freidenkern dazu zu zählen, mag jeder für sich entscheiden.

Schmerzen, Leiden, Phantomschmerzen, Seelenqualen

Zur Erinnerung:
Zeit ist die Wahrnehmung eines Ereignisses. Fehlt die Wahrnehmung, gibt es keine Zeit und kein Ereignis.

Es gibt verschiedene Arten von **Schmerzen**. Das können **Phantomschmerzen** sein, hauptsächlich sind es aber körperlich oder auch seelisch empfundene Schmerzen. Dabei rätselt die Welt herum, was Seele ist und spricht trotzdem gelassen von seelischen Qualen. Ganz grob könnten die Phantomschmerzen dazu gerechnet werden. Das geht aber nur, weil sie körperlich nicht direkt, sondern nur indirekt befunden und behandelt werden können.
Ob das so einfach auch von **Seelenqualen** behauptet und begründet werden darf, entzieht sich meiner Kenntnis. Wahrscheinlich beschreibt jeder Mensch diese Erfahrung, wenn er sie denn einmal machen musste, mit eigenen Worten und in eigener Überzeugung. Seelenqualen können viel mit Gewissen zu tun haben, vielleicht auch mit Rechtfertigung, vielleicht vor sich selbst oder vor dem eigenen Gott. Auf den Grund für Seelenqualen, falls er denn bekannt ist oder aber auch nur vermutet wird, möchte der Mensch oft gerne mit einer Art Wiedergutmachung reagieren. Der Gequälte neigt aber auch dazu, eine Art parallele Wiedergutmachung zu versuchen, und zwar an Geschehnissen, die mit dem eigentlichen Grund seiner eigenen Qualen ganz offenbar gar nichts zu tun haben. Er bedient sich dann *anderer Zeit* anderer Menschen, es werden also absichtlich Wahrnehmungen von Ereignissen anderer in *anderer Zeit* missbraucht.

Meine Erfahrungen beruhen und beziehen sich im Übrigen auf körperliche Schmerzen. Die sind sicher Wahrnehmungen tief in mir verankerter Ereignisse, sie gehören immer zu *meiner eigenen Zeit*. Ob sie das bleiben, hängt davon ab, ob ich es zulasse, dass ich mich zum Opfer meines an dieser Stelle versagenden Körpers mache oder machen lasse, und ob ich diese Opferrolle annehme.
Nehme ich sie an, empfinde ich weiterhin Schmerzen, die ich behandeln kann bzw. behandeln lassen kann oder eben nicht. Nehme ich sie nicht an, mache ich mich in Demut oder mit Unmut zum Leidenden, der seine Rolle mit all seinen **Leiden** als unvermeidlich verstehen kann bzw. sich selbst zum Widerstand aufruft und dabei keine oder kaum Verlustängste verspürt oder sich das wenigstens einredet.
Schmerzen und Leiden können sich also möglicherweise sehr oder völlig voneinander unterscheiden.
Wahrnehmungen von Schmerzen sind immer *meine eigene Zeit*.
Wahrnehmung von Leiden kann mir völlig neue Ansichten über Vergänglichkeit, Menschsein und dessen Wahrnehmung sowie über Erträglichkeit und Unerträglichkeit bringen. Diese Wahrnehmungen sind die von Ereignissen, also *eigene Zeiten*. Sie können sich so nicht in mir verankern und mein eigenes Ich bleibt unberührt.
Ich vermag aber auch soweit zu gehen, dass meine vermeintliche Seele in diesem Zusammenhang Wahrnehmung *meiner eigenen Zeit* ertragen muss und dass z.B. Phantomschmerzen zu Wahrnehmungen von Ereignissen, also zu *eigener Zeit,* werden.

Liebe

Zur Erinnerung:
Zeit ist die Wahrnehmung eines Ereignisses. Fehlt die Wahrnehmung, gibt es keine Zeit und kein Ereignis.

Es ist für mich immer wieder aufregend über **Liebe** zu reden. Aufregend, weil Liebe Ausnahmesituationen schaffen kann. In der Liebe wird meistens von zwei Menschen und nicht von einem gesprochen. Bei einem geht es um die Beschreibung seiner Liebe zu jemandem, aber bei beiden geht es um Liebe unter Liebenden. Das ist natürlich etwas anderes und ein großer Unterschied. Ich meine hier die Liebe zwischen zwei Menschen. Jeder dieser Liebenden ist sich sicher, nichts oder alles von und über den Geliebten oder die Geliebte zu wissen, alles oder nichts vorherzusehen und alles oder nichts zu gewinnen oder zu verlieren. Was das ist, alles oder eben nichts, steht in den Sternen oder auf einer ganz geheim Wunsch- und Erfüllungsliste, die dem oder der Geliebten nur mit Ängsten oder sehr viel Mut und Hoffen oder Draufgängertum unterbreitet wird. Die Erfüllung wäre dann auch Bekenntnis und Bestätigung. Zwischen *eigene Zeit* und *andere Zeit* kann nicht unterschieden werden. Ein Gefühlschaos schafft zuvor diese enorme Verwirrung. Leider geben Außenstehende oft genug keine Ruhe und teilen gewünschte, aber meistens ungewünschte und unerwünschte Kommentare ab. Die Kommentare sind zu häufig Wahrnehmungen eines anderen und sind damit *andere Zeit*. Die Liebenden schauen in Gemeinsamkeit auf ihre Liebe und nicht als einzelne Wesen. Sie befinden sich in einem Zustand, der scheinbar nur Gemeinsamkeiten für sie bereithält. Die Wahrnehmung von Ereignissen jedes der beiden scheint pausenlos mit der Wahrnehmung der oder des Geliebten komplett überein zu stimmen. Diese Übereinstimmung findet aber bei jedem in *eigener Zeit* statt und wird, wegen der erlebten Übereinstimmung, nicht von dem jeweiligen Partner als *andere Zeit* sich selbst gegenüber erlebt und verstanden, sondern als gemeinsame *eigene Zeit*. Es scheint, dass die Geliebten ineinander leben und so gemeinsam und gleichzeitig *eigene Zeit* erleben also Ereignisse gleichzeitig wahrnehmen. Sie nehmen sogar getrennt voneinander Ereignisse wahr, die für sie unbedingt und gleichzeitig *eigene Zeit* zu sein scheinen. Dazu gehören gleiche oder ergänzende Interessen, gleiche oder ergänzende Bewunderung von Schönheit, Können, Wissen, Geschicklichkeit der oder des Geliebten, seine oder ihre Liebesfähigkeit, z.B. beim Sex, Erfüllen von Liebesbedürfnissen, alle Liebes- und Leibesgeschenke. Dazu gehören ebenso dessen oder deren Eigenliebe, verbunden oft mit den Vorteilen wirtschaftlicher Verhältnisse, welche die Erfüllung langer, schönster Träume und Wünsche in Aussicht stellen oder stellen können. Das Liebespaar versteht die meisten dieser Ereignisse als Wahrnehmungen nur in scheinbar gemeinsamer *eigener Zeit*. *Andere Zeit* fügt sich so bescheiden, rücksichtsvoll und nahtlos in *eigene Zeit*, dass ein hohes Glücksgefühl mindestens einen der beiden Partner meistens aber sogar beide für lange oder sogar sehr lange Zeit beflügelt, vergessen und übersehen lässt, dass *eigene Zeit* und *andere Zeit* sich überlagern. Erst, wenn sich im Laufe der Zeit oder aus anderen Gründen herausstellt, dass *eigene Zeit* und *andere Zeit*, die des Partners oder bei einem selbst, unterschiedlich und nicht mehr so überdeckend und überlagernd sind, oder sich die verschiedenen Zeiten, *eigene Zeit* und *andere Zeit*, selbst bemerkbar machen, kann leicht aus Liebe Zugehörigkeit, Akzeptanz, Gewohnheit, liebevoller aber bewusster Umgang oder sogar der Wunsch nach Trennung entstehen. Das aber ist ein ganz anderes Kapitel.

Zuneigung, Abneigung und Widerwillen

Zur Erinnerung:
Zeit ist die Wahrnehmung eines Ereignisses. Fehlt die Wahrnehmung, gibt es keine Zeit und kein Ereignis.

Zuneigung, Abneigung und Widerwillen gehören für viele Menschen zum Gefühlsleben des Alltags.
Zuneigung ist dabei ein Bonbon, den ich gerne genieße. Die Voraussetzungen dafür sind allerdings, dass meine Zuneigung willkommen ist, und ich die Zuneigung eines, einer anderen akzeptieren kann. Akzeptieren heißt, dass ich in beiden Fällen die Wahrnehmung eines angenehmen Ereignisses in *eigener Zeit* erlebe, *mein Ich* muss also so berührt werden, dass sich im besten Fall sogar die *eigene Zeit* umwandelt in *meine eigene Zeit*. Zuneigung zu verinnerlichen ist ein bewusstes Erlebnis, ein bewusstes Wahrnehmen eines Ereignisses, das mein Ich erweitern kann.

Abneigung grenzt an Abwehr.
Abneigung wächst fast immer, langsam oder schneller, und ist bei den seltensten Gelegenheiten eine plötzliche Wahrnehmung eines Ereignisses. Ist dies jedoch der Fall, dann spielen oft Vorurteile eine Rolle. Vorurteile, die begründet sein können in körperlichen, geistigen oder seelischen Erfahrungen, welche mich zum vermeintlichen Erkennen und Wiedererkennen von Abneigung verleiten. Das können Aussehen, Kleidung, Stimme, Geruch usw. sein. Meine Reaktionen können sich in Ablehnung, Unhöflichkeit, Ignoranz oder auch Wut äußern. Sie sind angeboren, anerzogen oder aus Bequemlichkeit ein fester Bestandteil meines eigenen Ichs. Die Abneigung an sich entsteht durch Wahrnehmung von Ereignissen, welche mir andere aus ihrer *anderen Zeit*

aufdrängen. Sie versuchen gleichzeitig, meine bereits vorhandene *eigene Zeit* zu dieser, ihrer Wahrnehmung, zu verändern, manchmal allerdings so stark, dass es mir auffällt, und ich mich schließlich dagegen wehre oder es mit Groll im Herzen ertrage.
Leider muss ich oft genug meine Abneigung gegen unterdrückte *eigene Zeit* gewähren lassen und schaff es nur in den seltensten Fällen, dass die Wahrnehmung des Ereignisses aus *anderer Zeit* nicht bis zu mir vordringt. Wut entsteht so am allerwenigsten. Ich behalte mir einfach vor, den Verursacher oder die Ursache der Ablehnung irgendwann zu vergessen. Damit, das weiß ich, kann ich mir Platz für die Wahrnehmung neuer *eigener Zeit* also neue Zeit schaffen.

Widerwillen überrumpelt mich spontan.
Widerwillen hat für mich viel mit Ekel zu tun. Eklige Dinge, Schleim, Auswurf, völlig unangemessene, menschenverachtende Witze, auch Tiere, z.B. Schlangen, Skorpione, alle Wesen, die mir hinterhältig vorkommen, obwohl sie es sicher nicht sind, sondern ihr Wesen von mir missverstanden ist, erzeugen das Gefühl sich in mir etwas sträuben zu lassen. Sich zu sträuben heißt für mich auf Wahrnehmungen *meiner eigenen Zeit* zu stoßen, deren Herkunft mir unerklärlich und deren Ursprung rätselhaft ist. Die Existenz all dessen in mir und zu meinem Ich gehörend, löst Entsetzen aus. Am schlimmsten aber ist die Gewissheit, dass dieser Widerwille zu mir gehört, ein Teil von mir ist und ich mich in einer Art von Perversität oft genug mit Lust zu ihm bekenne. Wahrnehmungen von Ereignissen, scheinbar durch andere, also *andere Zeit*, die derartig mit mir verhaftet sind, dass sie *meine eigene Zeit* sind, möchte ich nicht missen. Sie sind mir so hassgeliebt und peinigend verworfen, dass sie einen eigenen, geschlossenen Käfig in mir haben. Deren Bewohner werden von mir gefüttert.

Dieser besondere Teil *meiner eigenen Zeit* gibt mir andererseits, z.B. in ungewöhnlichsten Situationen, die neutrale Kraft, menschliche Körper, die verletzt sind, wie eine Sache zu behandeln, ihnen wertfreie Hilfe zu geben, oder die von mir abweichenden Meinungen zu akzeptieren ohne zu widersprechen oder Andersartigkeit wie Hautfarbe, Gewohnheit, Gerüche und Gebräuche als gegeben und nicht als gegen mich gerichtet hinzunehmen. Blut und heraustretende Körperteile werden von mir versachlicht und ich bin in der Lage, das Erforderliche immer, mit beruhigenden Worten für die Opfer, und notfalls für mich selber zu tun. Gedanklich, z.B. nur an Widerwillen zu denken, ist mir der Begriff ein Teil *meiner eigenen Zeit.* Alles andere aber, wie mein Umgang damit, sind Wahrnehmungen von Ereignissen in *eigener Zeit*.
Da Widerwillen und meine neutrale Kraft sich zwar unterschiedlich, aber nie gleichzeitig auswirken, können sie sich in mir nicht zerfleischen.

Treue, Aufrichtigkeit und Ehrlichkeit

Zur Erinnerung:
Zeit ist die Wahrnehmung eines Ereignisses. Fehlt die Wahrnehmung, gibt es keine Zeit und kein Ereignis.

Treue und **Aufrichtigkeit** sind für mich wie das Gehen durch einen klingenden Glockenwald. Von überall her hör ich es läuten, doch ich erfahre nicht, woher das Läuten kommt. Treue und Aufrichtigkeit gehören zu den fundamentalsten Erwartungen eines Menschen an einen anderen, insbesondere an einen Partner.

Treue und Aufrichtigkeit können nur als Bestätigung oder Enttäuschung meiner Erwartungen zu Wahrnehmungen von Ereignissen in *eigener* oder in *anderer Zeit,* aber nicht in *meiner eigenen Zeit,* also zu Wahrnehmungen von Ereignissen meines Ichs durch mich, werden. Sie sind und bleiben Erwartungen, sind vielleicht Inhalte von Erzählungen oder Bezeugungen anderer aus deren scheinbaren Wahrnehmungen von Ereignissen in *anderer Zeit*. Aber auch das können nur Wahrnehmungen von Untreue oder Unaufrichtigkeit, also nicht von Treue und Aufrichtigkeit, sein.
Eigenartiger Weise erfahre ich durch eigene Wahrnehmung Treue nur an mir selbst: „Ich bin treu". Das ist dann fast doch die Wahrnehmung eines Ereignisses in *meiner eigenen Zeit*, aber eben nur solange wie ich mich selbst nicht in Gefahr bringe, untreu zu werden oder meine Treue von außen bedroht wird. Das verhindert schon meine Treue als Wahrnehmung eines Ereignisses in *meiner eigenen Zeit* zu erleben.
Treueerwartungen müssen von Erwartungen an Aufrichtigkeit insofern unterschieden werden, als Treue zwar Aufrichtigkeit einschließt, Aufrichtigkeit aber durchaus nicht Treue. Wer z.B. Untreue bekennt, ist vielleicht aufrichtig. Jemand kann aber aufrichtig und trotzdem untreu sein. Allein schon, wenn ihm Treue nichts bedeutet. Treu und dabei unaufrichtig könnte kaum jemand sein, es sei denn er lügt.
Treue und Aufrichtigkeit kann ich niemals an einem anderen Menschen als Wahrnehmung eines Ereignisses in *eigener Zeit* erfahren. Im günstigsten oder auch ungünstigsten Augenblick kann ich aber bei einem anderen Menschen Untreue bzw. Unaufrichtigkeit als solches Ereignis in *eigener Zeit* wahrnehmen.

Aufrichtigkeit darf oder sollte nicht mit **Ehrlichkeit** verwechselt werden. Bestätigung oder Enttäuschung von Aufrichtigkeit kann zum Wahrnehmen von Ereignissen in *eigener Zeit* oder in *anderer Zeit* werden. Ehrlichkeit ist damit zwar vergleichbar, aber sie ist immer ein Appell an das Gewissen. Das könnte ich von Aufrichtigkeit auch behaupten. Trotzdem kann Ehrlichkeit nur die Wahrnehmung eines Ereignisses in *meiner eigenen Zeit*, meines eigenen Ichs sein. Die Wahrnehmung von Ehrlichkeit als ein Ereignis in *eigener Zeit* oder *anderer Zeit* ist nur, ähnlich wie bei Treue und Aufrichtigkeit, als Bestätigung oder Enttäuschung meiner Erwartung, möglich. Eine solche Wahrnehmung in *anderer Zeit* wird in einer Bandbreite von Dummheit bis zu totalem Eigenschutz interpretiert.

Künstler, Künstlerinnen und Kunst

Zur Erinnerung:
Zeit ist die Wahrnehmung eines Ereignisses. Fehlt die Wahrnehmung, gibt es keine Zeit und kein Ereignis.

Eine Ausnahmestellung unter den unterschiedlichen, aber stets besonderen Arten der Wahrnehmung von *meiner eigenen Zeit*, bilden **Künstler**. Selbst die Menschen, die ohne ihr wissentliches Zutun **Kunst** produzieren, gehören zu dieser fantastischen Gruppe. Es heißt, dass die größten Künstlerinnen und Künstler sowieso im Verborgenen blühen. Es ist müßig aufzuzählen, welche Arten der Kunst ich im Kopf habe oder auch nicht. Letzteres erspart es mir, beteiligte Künstlerinnen und Künstler verschiedener Gruppen der Scharlatanerie zu verdächtigen. Aber auch die könnte eine bestimmte Kunst sein.

Künstler, denen ihre Begabung bewusst ist, leben nicht immer nur in der Wahrnehmung von Ereignissen in *ihrer eigenen Zeit* und sind darum von sich begeistert, sondern betätigen sich in der Regel auch als raffinierte Zeitdiebe. Z.B. rauben sie Musen, Modellen, Gleichgesinnten, der Natur, Gönnern usw. usw. ohne Unterlass durch Wahrnehmungen von Auffälligkeiten in *eigener Zeit* alles, was ihrem künstlerischen, psychischen und physiologischen Trieb nützlich sein könnte. Da sie in dieser Absicht selten zerstörerisch sind, und ihre Opfer meistens keine diesbezüglichen Wahrnehmungen von Ereignissen in *ihrer Zeit* oder *ihrer eigenen Zeit* haben, fällt ihr Handeln nicht nur nicht immer auf, sondern wird auch sehr oft wohlwollend gesehen, beschmunzelt und sogar unterstützt.

Schlimmer jedoch und viel brutaler ist die Ausbeute, die Künstler zu oft an sich selber durch Wahrnehmungen in *ihrer eigenen Zeit* an ihrem Ich durchführen. Auf Selbstzerstörung wird nur selten Rücksicht genommen. Die eigenen Bedürfnisse, wie Hunger, Verdauung, Durst und die Sorge um Mitmenschen werden oft vernachlässigt. Sex dagegen und Gewinn werden bei Künstlern großgeschrieben. Ihr Ego soll dauerhaft und sich mehr und mehr bereichernd, zufrieden gestellt werden. Enttäuschungen sind dadurch vorprogrammiert. Nichts ist ausreichend, und die Schuld liegt zu oft bei den anderen, wenn es nicht nach ihren Vorstellungen geht. Wer ihnen nicht gleich zu Füßen liegt und nicht vor Bewunderung, die sehr oft angemessen wäre, aber aus Unwissenheit und Verständnislosigkeit nicht erfolgen kann, begeistert ist, wird abgewertet und aus ihrem Dunstkreis und wieder zurück in ein Allerweltsgeschehen verbannt. Andererseits werden Claqueure zu Busenfreunden und Mäzene sowie Gönner erst recht. Abgeklärte Künstler geraten dann schon einmal in die wohlwollende Auffassung, nämlich Wahrnehmungen in *anderer Zeit*, so dumme Sprüche anderer wie: „Das ist aber schön," oder „Ist es für Sie anstrengend so begabt zu sein"? sich auf diese Weise in *ihre eigene Zeit*

einverleiben zu wollen. Damit belügen sie zwar die Maxime, dass Kunst eigentlich wertfrei sein soll, aber es ist ja eine Wahrnehmung in hochgradig *ihrer eigenen Zeit* und fällt niemandem auf. Die Gefahr, die hier lauert, könnte sein, dass der Ideenreichtum des Künstlers oder seine künstlerische Unabhängigkeit gefährdet werden. Das schreckt viele von solchen Vorhaben ab.
Hinzu kommt, und das wissen Künstler auch, dass das alles nur solange währt, wie diese von ihnen bestohlenen Menschen ihrerseits keine Wahrnehmungen minderwertiger Art in *eigener Zeit* oder *anderer Zeit* gegen sie kundtun. Damit würden sie für den Künstler wertlos, eigentlich bedeutungslos. Ein Künstler möchte, dass seine Werke von anderen wahrgenommen werden und zwar als deren *eigene Zeit* und zu Bestandteilen deren eigenen Ichs mutieren. Insofern ist es naheliegend, die *eigene Zeit* eines Künstlers, mit der eines Diktators zu vergleichen.

Künstlerinnen schreckt eine solche Denk- und Vorgehensweise meistens ab. Für sie gibt es in Sachen Kunst in erster Linie die Frage nach dem Überleben ihrer Kunst, d.h. ihre Werte sind auch Wahrnehmungen in *ihrer eigenen Zeit*. Paula Modersohn-Becker scheint mir ein herausragendes Beispiel dafür zu sein. Es gilt nur das Horchen auf ihr Ich, und sie sehen darin eine Bestimmung, nicht unbedingt ihre Begabung.
Morbide Blumenbilder, verwelkende Tulpen zu malen, ist für viele Künstlerinnen eine reine Daseinsbestätigung. Die und ihre Begabung halten sie ohnehin für fraglich, zerbrechlich und nicht unbedingt für beständig. Künstlerinnen sind sehr geneigt durch Wahrnehmung neben *ihrer eigenen Zeit*, also dem Horchen auf ihr Ich, auch *eigene Zeit,* das sind Wahrnehmungen von Spiegelungen der Ereignisse ihres Seelen-und Künstlerinnenlebens in *ihrer eigenen Zeit*

festzustellen und festzuhalten. Zeitendiebstahl ist nicht ihre Sache. Die Gratwanderung, zwischen Fangen und selbst gefangen zu werden, scheint ihnen dabei zu gefährlich. Die damit verbundenen Risiken sind einfach zu groß. Sie kümmern sich kaum um die Wahrnehmung von Ereignissen in *anderer Zeit,* auch wenn sie noch so oft dazu verleitet werden.
Das hingegen ist für die meisten Künstler zu langweilig und nicht erstrebenswert.

Verführerisch, überzeugend, herrisch.

Zur Erinnerung:
Zeit ist die Wahrnehmung eines Ereignisses. Fehlt die Wahrnehmung, gibt es keine Zeit und kein Ereignis.

Mit den drei Worten **verführerisch, überzeugend, herrisch** können ganze Welten beschrieben werden. Als Wörter sind sie fast Klischees, als Worte und Wahrnehmungen von Ereignissen in *meiner eigenen Zeit* können sie aber den Wunsch nach Anwendung von Macht vermitteln. Ich unterscheide zwischen der Absicht, Macht ausüben zu wollen, und dem Drang nach eigener Macht. Der Drang nach eigener Macht ist im *eigenen Ich* begründet und wird zur Wahrnehmung von Ereignissen in *meiner eigenen Zeit*.

Verführerisch zu sein, unterstellt man gerne Menschen, die in *anderer Zeit* Mitmenschen mit reizenden Wahrnehmungen von Ereignissen als in *deren eigener Zeit,* Angebote machen. Angebote wie z.B. problemlos einzukaufen, eine Belohnung zu erhalten oder, in den meisten Fällen durch auffällige derzeit gängige Schönheit, Klugheit, Kleidung, besonderes Aussehen, akrobatisches Auftreten usw. einem Mitmenschen wenigstens

Bewunderung abzugewinnen. Der Mitmensch versteht auch zunächst, dass das alles unberührbar und für ihn unerreichbar ist und wohl bleiben wird. Das wäre nicht schlimm soweit, wenn er sich nicht in unbescheidener Weise und in der Wahrnehmung dieses Ereignisses schließlich mehr, viel mehr als Bewunderung zu schenken, davon versprechen würde. Der oder die Verführer drehen so geschickt die Verhältnisse zu ihren Gunsten, dass bei ihrer gezielten oder naiven Aktivität, nämlich verführerisch zu sein, der Mitmensch in eine wenigstens moralische Schuldfalle gerät: „Warum habe ich es nicht so gut wie der oder die"? Wird der Mitmensch aktiv und fordert die Erfüllung von scheinbaren Versprechen ein, muss er feststellen auf wie dünnem und glattem Eis er sich bewegt. In seiner Wahrnehmung von Ereignissen, heraufbeschworen durch die Verführerin oder den Verführer, verwechselt er die höchst *eigene Zeit* des Verführers oder der Verführerin mit *seiner eigenen Zeit*, und glaubt schnell, dass es sich um die Wahrnehmung von Ereignissen in *seiner eigenen Zeit* handelt. Darauf baut er fälschlicherweise. Verführung übt so auf ihn ihre Macht aus und lässt ihn glauben, im eigenen Ich, in *seiner eigenen Zeit,* zu sein. Diesen Irrtum erkennt er nicht. Verführerisch zu sein, wird von vielen Mitmenschen bis zur Selbstaufgabe bewundert. Der verführte Mitmensch erkennt die Verführung nicht als Wahrnehmung eines Ereignisses in *eigener Zeit*. Für ihn ist Verführung Wahrnehmung eines Ereignisses seines Ichs in *seiner eigenen Zeit* geworden.

Überzeugend zu sein, hat auch viel mit Macht zu tun. Ich kann mit guten Gründen versuchen, zu überzeugen, aber auch mit hässlichen Absichten und unwahren Behauptungen. Beide Möglichkeiten können bei gutem Glauben Wahrnehmungen von Ereignissen in *eigener Zeit* sein oder aber einfach auf Lügen oder Irrtümern beruhen. Bei einem Autounfall z.B. kann ich behaupten, was ich will, und versuchen alle Schuld, die ich vielleicht habe, von mir zu weisen. Immer bessere Untersuchungen und Feststellungen in unserem Dasein wie DNA-Tests, Sachverständigengutachten, forensische Mitarbeiter usw., alles Wahrnehmungen von Ereignissen in *anderer Zeit*, sind mir aber auf der Spur, und es ist zu oft müßig, Unwahrheiten in die Welt zu setzen. Schwierig wird es, wenn meine Wahrheit, meine Wahrnehmung von Ereignissen in *eigener Zeit*, mir nicht geglaubt wird oder ich mich irre. Ich habe die Ereignisse in *eigener Zeit* im Kopf und kann sie nicht vermitteln. Überzeugend sein zu wollen, heißt in erster Linie wertneutral zu beschreiben. *Eigene Zeit* kann ich aber nicht und auch nicht wertneutral vermitteln. Ich kann auch keine Schuld oder Unschuld vermitteln. Was bleibt ist der Weg der Sachlichkeit, einer extremen Machtkomponente, die einzig überzeugend sein kann, weil sie in ihrer Beweiskraft wiederholbar ist.

Herrisch zu sein hat außer mit Macht noch viel mehr mit Unrecht zu tun. Unrecht ist in diesem Fall besonders gefährlich. Der herrische Mensch verursacht in seiner und anderer Umwelt fast ausnahmslos großen Schaden, häufig bewirkt durch rücksichtsloses Tun und Handeln. Umwelt wird rigoros geschädigt. Umwelt bedeutet in seiner Wahrnehmung von Ereignissen sowieso nur als in *seiner höchst eigenen Zeit* existierend. Die nimmt er als Freibrief.
Der Herrische wird von seiner Außenwelt so oft gnadenlos abgelehnt wie sorglos bewundert.
Eine gezeigte Ablehnung, wird vom herrischen Menschen jedoch als völlig falsch auslegt und empfunden. Er erlebt seine Wahrnehmung von Ereignissen, wie die Umwelt, als in höchstem Maß *seine eigene Zeit*, als sein *eigenes Ich*. Damit bestätigt er sich selber, auserkoren zu sein und genießt seine Einmaligkeit, seine Berufung zum Beherrschen anderer und der Umwelt, nachhaltig. In dieser scheinbaren Einmaligkeit

verlangt er von anderen *deren eigene Zeit* nicht nur in Frage zu stellen, sondern er verbietet sie ihnen. Außerdem verlangt er unter allen Umständen, dass Wahrnehmungen von Ereignissen in *seiner höchst eigenen Zeit* entweder mit Kusshand von anderen angenommen oder ihnen mit Gewalt aufgezwungen werden. Seine Wahrnehmungen müssen für jeden Mitmenschen zur Wahrnehmung *deren eigener Zeit*, deren eigenen Ichs werden. Es herrschen kafkaeske Verhältnisse. In seinen Bewunderern sieht er allerdings Seinesgleichen, die ihm aber auf ewig untertan bleiben müssen. Alle Einwände gegen den Herrischen empfindet dieser als Wahrnehmungen von Ereignissen in *anderer Zeit*, die für ihn einfach Ausreden sind. Er empfindet nicht das von ihm ausgelöste Unrecht auf allen Ebenen. Das ändert sich, ohne von ihm so erkannt zu werden, zusätzlich in einem Augenblick mit der Ausübung von Gewalt und der Anwendung von Macht.

Das hat mit Stärke, wie oft von Anhängern behauptet wird, nichts zu tun. Stärke bedingt die Wahrnehmung von Ereignissen in *seiner eigenen Zeit* als Kraft und Mut vielleicht als Anspruch auf Macht, aber nicht auf Unrecht.

Politik, Mitleid

Zur Erinnerung:
Zeit ist die Wahrnehmung eines Ereignisses. Fehlt die Wahrnehmung, gibt es keine Zeit und kein Ereignis.

Politik als Wahrnehmung eines Ereignisses in *meiner eigenen Zeit* zu finden, ist genauso ungewiss wie sie als **Mitleid** dort zu entdecken. Beides wird für mich erst durch Wahrnehmungen von Ereignissen in *eigener Zeit,* nämlich durch eigenes Handeln, erfahrbar. Handelnde **Politik** muss für mich Mitleid einbeziehen. Ohne Mitleid bleibt sie reine Geschäftsführung. Solche Politik wäre die Wahrnehmung von Ereignissen in *anderer Zeit* und höchst einseitig. Politik ist ohne Handeln nicht vorstellbar, weil Politik an sich kein Handeln nach sich zieht. Sie würde sich als theoretische Frage nicht verselbständigen können. Ohne die Wahrnehmung eines Ereignisses in *eigener Zeit,* nämlich z.B. Mitleid, würde sich handelnde Politik über längere Zeit nicht behaupten können. Es würde Wesentliches fehlen. Durch Mitleid kann und wird die Theorie von Politik um die Wahrnehmung von Ereignissen in *eigener Zeit* erweitert bzw. ergänzt. Solche Wahrnehmungen werden mit Dabeisein, durch Verstehen und gezeigtes Mitleiden ergänzt. Ohne Mitleid kann zu wenig bewegt werden. Politik muss und will aber bewegen, um so vielleicht zu verändern, zum Mindesten um Werte zu verteilen. Repräsentanten von Regierungen sind ja eigentlich gezwungen, sich aus der handelnden Politik herauszuhalten. Ihr persönlicher Einsatz aber, z.B. durch Gründungen von Hilfswerken, Halten mahnender Reden und sich von Leidenden ein eigenes Bild zu machen, hat fundamentale Bedeutung und erregt Aufmerksamkeit, weil so dem Vergessen und Übersehen entgegengewirkt werden kann. Handelnde Politik und handelndes Mitleid gehören als Wahrnehmungen von Ereignissen in *eigener Zeit* zusammen.

Mitleid wird, nur in der Wahrnehmung *meiner eigenen Zeit*, also nur nach eigenen Empfindungen handelnd, zu einer Gefühlsfalle. Mitleid an sich zieht nicht zwangsläufig Handeln nach sich. Solche Gefühlsebene ist höchst einseitig und wird sich auch nicht automatisch in Aktivität verwandeln. Es fehlt eine wesentliche Wahrnehmung von Ereignissen in *anderer Zeit*, nämlich Handeln. Aber auch das wird nicht ausreichen, um erfolgreich zu sein, d.h. die Umstände zu verbessern bzw.

Werte zu verteilen. Es fehlt die weitere Wahrnehmung von Ereignissen in *anderer Zeit*, nämlich handelnde Politik. Ohne solche ist nichts nachhaltig zu verändern. Mitleid aber will genau wie Politik etwas verändern und z.B. helfen und Eigenhilfe anstoßen. Dafür muss auch sie handeln, um etwas zu bewirken.
Empfänger von Geld- und Sachspenden haben zu oft einen ganz schlechten Ruf. Viele Organisationen treiben Misswirtschaft mit den ihnen überlassenen Mitteln. Dem Spender wird sehr oft nur eine vage Wahrnehmung, z.B. Berichterstattungen in Wort und Schrift, von Ereignissen *in anderer Zeit* übermittelt. Spender sind leider auch oft genug an neuen Wahrnehmungen von Ereignissen *in eigener Zeit* wenig interessiert. Dazu könnte z.B. das eigene Sammeln von Spenden sowie die Erfahrung durch Beschaffen und Verteilen von Lebensmitteln für Bedürftige zählen. Das Desinteresse wäre vielleicht auf moralischer Ebene zu diskutieren. Eine Bevormundung des Bedürftigen auf der anderen Seite, was er mit den Spenden anzufangen hat, ist ebenfalls oft genug Gegenstand heftigster Diskussionen. Das zu vertiefen ist hier aber nicht die Absicht.

Handelnde Politik und handelndes Mitleid müssen und sollten keine Gegensätze sein, sondern fruchtbare und wunderbare Vervollständigung trotz manchmal völlig unterschiedlicher Zielsetzungen.

Verantwortung

Zur Erinnerung:
Zeit ist die Wahrnehmung eines Ereignisses. Fehlt die Wahrnehmung, gibt es keine Zeit und kein Ereignis.

Verantwortung ist z.B. das Erkennen von Unselbständigkeit eines Menschen, auch der eigenen Person. Sie entsteht aus Eigeninitiative und ist die Wahrnehmung eines Ereignisses in *meiner eigenen Zeit* oder in *eigener Zeit* oder in *anderer Zeit*. Diese Verantwortung zieht oft Verpflichtung nach sich. Daraus kann verantwortliches Handeln erwachsen. Wird sie nicht wahrgenommen, kann es zu Schuldgefühlen führen, aber nicht, wie die versäumte Verantwortung aus Verpflichtung, zu echtem Verschulden.
Verantwortung darf nicht mit Gesetzestreue verwechselt werden. Gesetzestreue ist eine Bürgerpflicht und beinhaltet große, aber andere Verantwortung, nämlich Verpflichtung. Die ist hier aber nicht angesprochen. Hier geht es um persönliche Verantwortung aus Eigeninitiative.
Verantwortung kann plötzlich bewusst werden. Fast immer entsteht oder erwächst sie von innen, also aus meinem *eigenen Ich*. Zumeist wird sie zuerst als ein Bedauern eines Umstandes oder eines Verhältnisses bzw. einer Abhängigkeitssituation wahrgenommen, wird dann aber als Tatsache oder Ereignis mir oder einem anderen bewusst, um die bzw. um das ich mich kümmern kann bzw. müsste. Sie verlangt meistens zu handeln. Verantwortung endet erst mit der erreichten Eigenverantwortung. Die kann sowohl eine betreute Person als auch mich selbst betreffen.
Eigenverantwortung kann keiner Sache und keinem Tier unterstellt werden. Daraus ergibt sich die Wahrnehmung des Ereignisses, Verantwortung, immer in *meiner eigenen Zeit,*

wenn es mich, mein *eigenes Ich* betrifft; in *eigener Zeit,* wenn ich Verantwortung entdecke oder in *anderer Zeit,* wenn ein anderer sie entdeckt.
Verantwortung ist nicht übertragbar, nicht zu verschenken nicht zu verkaufen und z.B. nicht zu vererben.
Nur das Handeln aus Verantwortung kann mir abgenommen oder von einem oder mehreren anderen übernommen werden. Das Handeln aus Verantwortung kann ich delegieren, die Verantwortung aber bleibt bei mir. Andere können dabei stets eine eigene Verantwortung erkennen und sie übernehmen. Meine Verantwortung bleibt aber immer in *meiner eigenen Zeit,* in *eigener Zeit* und in *anderer Zeit*.
Die sogenannte „Verantwortung für die Umwelt" ist also richtigerweise ein Handeln, das in die Eigenverantwortung eines jeden mündet. Umwelt selbst kann keine Eigenverantwortung übernehmen, die kann ihr auch nicht übertragen werden.
Verantwortung kann als Wahrnehmung eines Ereignisses in *anderer Zeit* von mir entdeckt werden, wenn mir z.B. Handlungsbedarf auffällt. Bei dem Gedanken an Verantwortung für mich oder jemand anderen, steht es mir immer frei zu handeln oder nicht. Nur wenige Ausnahmen, z.B. die Pflicht, Hilfe zu leisten, unabhängig von einer Bürgerpflicht, könnten mich zwingen die Wahrnehmung eines Ereignisses, Verantwortung, in *eigener Zeit* zu übernehmen und sofort zu handeln. Die von mir oder dem anderen wahrgenommene Vielzahl von Ereignissen, z.B. Aufrufe zu Spenden, oder ins Wasser zu springen, um vielleicht jemanden zu retten, erschweren zu oft die Entscheidung, ob ich handeln möchte und kann oder auch nicht und, vor allen Dingen die Antwort auf die Frage, was richtigerweise zu tun wäre.

Leider ist ein derartiges Handeln, wenn es denn stattfindet, häufig mit eigenen oder den Interessen anderer verbunden bzw. gegenläufig. Es wird so die Wahrnehmung, dass es sich ausschließlich um Verantwortung handelt, verfälscht. Ja, dieser Irrtum zieht andere Fehler nach sich und beeinträchtigt sehr das Auseinanderhalten von Wahrnehmung eines solchen Ereignisses in *meiner eigenen Zeit* oder in *anderer Zeit.* Zu schnell und oft zu gerne wird eine Wahrnehmung eines Ereignisses bewusst, also absichtlich, oder auch unbewusst, also in scheinbar verantwortungslosem Handeln, von *meiner eigenen Zeit* in *andere Zeit* übertragen oder tatsächlich falsch wahrgenommen. Ich kümmere mich dann um das Handeln auf Grund einer Verantwortung, die ich mir einrede und die mich vielleicht gar nichts angeht oder vernachlässige eine, um die ich mich hätte kümmern sollen.

Eltern haben z.B. Verantwortung für ihre Kinder. Das ist eigentlich ganz normal und einsichtig. Wie oft aber können, insbesondere Väter, diese Verantwortung aus tausend Gründen nicht wahrnehmen oder nehmen sie nicht wahr oder bekommen keine Gelegenheit dazu. Mütter teilen nicht immer den Vätern deren Vaterschaft mit. Das kann aus Angst geschehen oder aus Unsicherheit oder auch aus tausend anderen Gründen. Im ersteren Fall leugnen die Väter oft genug Tatsachen, die ihnen bekannt sind, nämlich die Wahrnehmung dieses Ereignisses in *eigener Zeit* und in ihrem eigenen Ich. Sie leugnen oder ignorieren die Pflicht, aus der Verantwortung heraus zu handeln, z.B. die Vaterschaft zu übernehmen. Im zweiten Fall wird dem Vater von der Mutter die Wahrnehmung eines Ereignisses, Vater geworden zu sein, als seine *eigene Zeit* vorenthalten und sogar als Ereignis in *ihrer Zeit* zu *ihrer eigenen Zeit* verklärt. Das Kind wird so schnell zu einem persönlichen Besitz und Eigentum der Mutter. Es kann eine völlig verfälschte Verantwortung entstehen.
Die Mutter wird außerdem möglicherweise zur zweifachen Zeitdiebin. Sie stiehlt ihrem Kind über Jahre die Wahrnehmung

von Ereignissen, nämlich einen Vater in *seiner eigenen Zeit*, und dem Vater die Wahrnehmung von Ereignissen, sein eigenes Kind in *seiner eigenen Zeit* und in *anderer Zeit* zu erleben.

Trost, Hoffnung, Glaube

Zur Erinnerung:
Zeit ist die Wahrnehmung eines Ereignisses. Fehlt die Wahrnehmung, gibt es keine Zeit und kein Ereignis.

Trost ist das erfüllte Verlangen nach Beseitigung eines seelischen Schmerzes. Die Beseitigung kann z.B. Zuspruch sein, also die Weitergabe einer Wahrnehmung eines Ereignisses durch *einen anderen* an mich, und zur Wahrnehmung eines Ereignisses in meiner *eigenen Zeit* werden. Seelischer Schmerz ist dabei immer die Wahrnehmung von Ereignissen *meines eigenen Ichs*.
Auch Trost an sich ist die Folge einer Wahrnehmung von Ereignissen in *eigener Zeit*. Er ist keine Wahrnehmung von Ereignissen *meines eigenen Ichs*. Erst, wenn ich diesen Trost an mir zulasse, ihn annehme, wandelt sich das erfüllte Verlangen nach Trost und auch der damit erfolgte Trost als Wahrnehmung von Ereignissen in *eigener Zeit* um zu einer Wahrnehmung von Ereignissen *meines eigenen Ichs*.

Trost schafft Erleichterung und Erleichterung kann Trost schaffen. Auch wenn Trost scheinbar von außen an mich herangetragen zu sein scheint, mir Trost gespendet wird, entsteht Trost immer in mir selbst. Trost kann ich mir nur selber spenden, aber ich muss ihn zulassen. Mein verletztes *Ich* kann mit einem „Pflaster", der Wahrnehmung von

Ereignissen in *anderer oder eigener Zeit*, nämlich durch freundliche oder aufklärende Worte, ein Geschenk oder die liebevolle Zuwendung, Berührung oder Zuspruch, also durch die Wahrnehmung von Ereignissen Erleichterung erfahren. Das empfinde ich als Trost. Sollte der Grund für meinen seelischen Schmerz ein Irrtum gewesen sein, und ich mich davon überzeugt haben, existiert das Verlangen nach Trost nicht mehr. Leider bleibt jedoch ein Misstrauen mir selbst gegenüber, weil ich die Wahrnehmung eines solchen Ereignisses nicht als Teil *meines eigenen Ichs* empfange, sondern als Wahrnehmung eines Ereignisses in *eigener Zeit* oder sogar *in anderer Zeit*. An das Verschwinden des Bedürfnisses nach Trost muss ich mich erst gewöhnen. Das kann lange dauern.
Der größte und zuverlässigste Bote von Trost als Wahrnehmung eines Ereignisses in *eigener Zeit* ist die **Hoffnung**. Wer hofft, kann vielleicht auch glauben, aber wer glaubt ist immer voller Hoffnung. **Glauben** ist mit Hoffnung untrennbar verbunden, Hoffnung aber nicht unbedingt mit Glauben. Beide können Teile *meines eigenen Ichs* sein. Glaube und die damit verbundene Hoffnung z.B. sind immer Wahrnehmungen von Ereignissen in *meiner eigenen Zeit* und Teile *meines eigenen Ichs*. Wenn ich jedoch nicht glaube, kann ich diese Art der Hoffnung nicht empfinden. Hoffnung ist dann die Wahrnehmung von Ereignissen, vielleicht in *eigener Zeit* meistens aber in *anderer Zeit.*
Hoffnung ohne Glauben ist die Wahrnehmung von Ereignissen *in eigener* oder *anderer Zeit* und so nicht Teil *meines eigenen Ichs*. Glauben aber, ohne Hoffnung, gibt es nicht.
Wird mir Trost gespendet, wird immer der Versuch unternommen, mir mit der Wahrnehmung eines Ereignisses in *anderer Zeit meine eigene Zeit* um diese Aufwendung zu erweitern. Nehme ich sie an, bin ich bereit für eine solche Spende, dann empfinde ich tatsächlich Erleichterung und

vielleicht sogar den Abbau eines Schmerzes, der das Verlangen nach Trost ausgelöst hat. Diesen Schmerz nennt man in erster Linie seelischen Schmerz, die Wahrnehmung eines Ereignisses *meines eigenen Ichs*. Er kann in körperliche Schmerzen ausarten und wird so zur Wahrnehmung eines Ereignisses *in eigener Zeit*. Trost kann aber nur ich meinem seelischen Schmerz spenden. Da dieser Schmerz die Wahrnehmung eines Ereignisses in *meiner eigenen Zeit* ist, auch wenn er mir möglicherweise von außen zugefügt wurde, kann er auch nur durch die Wahrnehmung eines Ereignisses in *meiner eigenen Zeit* gemildert oder gar beendet werden. Genugtuung und Befriedigung unterscheiden sich gravierend von Trost, weil sie Wahrnehmungen von Ereignissen *in anderer Zeit* oder *in eigener Zeit* sein können. Sie sind aber keine Wahrnehmungen von Ereignissen *meines eigenen Ichs*.

Trost kommt wie das Glück unversehens. Ich kann Trost nicht erzwingen, nicht mit Zuverlässigkeit verschenken. Trost begegnet mir stets unerwartet und oft auch unerkannt. Trost ist immer ein Geschenk, welches mir widerfährt.

Gleichzeitigkeit

Zur Erinnerung:
Zeit ist die Wahrnehmung eines Ereignisses. Fehlt die Wahrnehmung, gibt es keine Zeit und kein Ereignis.

Es gibt keine **Gleichzeitigkeit**.

Nur der Begriff „Die Zeit", mit seinen Maß- und Messmethoden, räumt die Möglichkeit des Vergleichens bis zur Gleichzeitigkeit ein. Von dieser Art der Zeit mit seiner

Zeitbeschränkung und -einschränkung ist hier aber nicht die Rede.
Um den Unterschied von „Die Zeit" und „Zeit" zu verdeutlichen, möchte ich mich eines Beispiels bedienen: „Die Zeit" wäre vergleichbar mit der Farbpalette, die einem Maler zur Verfügung steht. „Zeit" aber, von der ich hier spreche, ist das Empfinden für Farben, das Verständnis für Buntes, das Erleben von Farbigkeit, Impression, Expression, Technik und Legende, die alle zur Verfügung stehen, um z.B. Malerei auszudrücken. Das alles könnte keine „Palette" leisten. Nur das fertige Bild wäre vielleicht geeignet, einen Ausschnitt *meiner eigenen Zeit* widerzuspiegeln.
Aber zurück zu Gleichzeitigkeit.
Keine zwei Menschen können jemals ein Ereignis zur gleichen Zeit in *eigener Zeit* wahrnehmen. Das aber sind Voraussetzungen für Gleichzeitigkeit. Sie befinden sich immer in *eigener Zeit* und in *anderer Zeit*. Keine zwei Menschen sind je zur gleichen *eigenen Zeit* am selben Ort. Mindestens der Ort wird von jedem individuell empfunden. Das bedeutet schon größte Unterschiede im Wahrnehmen sämtlicher Ereignisse in *eigener* und *anderer Zeit*.
Zur gleichen Zeit in *eigener Zeit* ein Ereignis wahrzunehmen, ist für zwei Menschen auch deshalb unmöglich, weil jeder menschliche Körper, bedingt durch hunderttausend Einzelheiten, wie seine Eigenheiten, Lichtempfänglichkeit und -empfindlichkeit, sein Erinnerungsvermögen, Glauben, Gefühl, andere Empfindsamkeiten, unterschiedliches Wahrnehmen von Ereignissen in *eigener Zeit* sowie in *anderer Zeit* usw. usw. und z.B. in der Wahrnehmung aller anderen Sensationen, die die Aufnahmefähigkeit eines Menschen von jedem anderen unterscheiden, eine Gleichzeitigkeit nicht zulassen. Das alles ist Fingerabdrücken sowie DNA vergleichbar, unterschiedlich. Erinnerungen müssten auch sofort untereinander austauschbar sein. Gleichzeitige Ereignisse bzw. deren Gleichzeitigkeit

müssten beweisbar sein. Das ist aber beides nicht möglich. Erinnerungen und Ereignisse sind höchstens nachweisbar. Jeder Mensch hat eigene Wahrnehmungen von Ereignissen. Die führen später stets zu unterschiedlichen Angaben, Aussagen und Wiedergaben.
Da die Wahrnehmung von Ereignissen in *eigener Zeit* von zwei Menschen am selben Ort voneinander abweichen muss, betrifft dies auch deren Anwesenheit und ihre Gegenwart. Beides wird in erster Linie durch sinnliche Wahrnehmungen von Ereignissen wie Sehen, Hören, Riechen, Fühlen, Schmecken, Empfinden von Wärme und Licht usw. bestimmt. Daher muss die Wahrnehmung von Ereignissen in *eigener Zeit* von z.B. zwei Menschen, sich immer und in jeder Beziehung voneinander unterscheiden, auch wenn dies in den meisten Fällen nicht so empfunden und oft das Gegenteil behauptet wird.

Entgegenkommen, Verfallen sein, Vertrauen

Zur Erinnerung:
Zeit ist die Wahrnehmung eines Ereignisses. Fehlt die Wahrnehmung, gibt es keine Zeit und kein Ereignis.

Entgegenkommen hinterlässt eigentlich immer einen recht positiven Eindruck, es sei denn, dass es in der Wahrnehmung von Ereignissen durch *einen anderen,* in *anderer Zeit,* unwillkommen ist. Entgegenkommen kann ich leisten oder es wird mir gebracht.

Verfallen sein dagegen wird in der Wahrnehmung von Ereignissen durch *andere* zu oft abwertend, fast negativ und mit Vorurteilen belastet, hinter vorgehaltener Hand

beobachtet. Entgegenkommen und Verfallen sein haben trotzdem Grundsätzliches gemeinsam.
In seiner Wahrnehmung von Ereignissen des *eigenen Ichs, in meiner eigenen Zeit,* ist Entgegenkommen das Verschenken von **Vertrauen** in hilfreicher und uneigennütziger Absicht. Leiste ich Entgegenkommen, dann habe ich zuvor meistens in *eigener Zeit* die Wahrnehmung von Ereignissen eines anderen in seiner *anderen Zeit* erfahren. Ich erlebe diese *andere Zeit* so nah, dass sie zu *meiner eigenen Zeit* wird, nämlich *mein Ich* wird kurzfristig und manchmal auch nachhaltig so sehr berührt, dass ich mit Handeln reagiere. Meine Reaktion überrascht mich vielleicht, weil sie mich nicht das erste Mal in einer vergleichbaren Situation aufschreckt. Dennoch kann sie in ähnlichen Situationen reflexartig abgespult werden. Sie ist dann keine Wahrnehmung von Ereignissen *meines eigenen Ichs* mehr. Entgegenkommen sowie das unterstellte Vertrauen unterliegen schnell einem Verschleiß, den man bedauert, wenn er zu einer Wahrnehmung in *eigener Zeit* wird und begrüßt, wenn dadurch die Augen geöffnet werden, und die vermeintliche Unsinnigkeit eines Entgegenkommens erkannt wird.
Leistet mir jemand Entgegenkommen, entsteht leider oft ein Misstrauen, geboren vielleicht als Folge von Enttäuschung bei ähnlichen Anlässen, oder es wird mit offenen Armen angenommen und ist sofort eine Wahrnehmung in *eigener Zeit*, wird zum Bestandteil *meines eigenen Ichs*, weil z.B. eine selbstlose Hilfe oder Hilfestellung einem unerwarteten Geschenk gleichkommt.

Verfallen sein ist auch die Wahrnehmung von Ereignissen des *eigenen Ichs,* aber mit dem fatalen Gedanken, diese Wahrnehmung in einer einzigen und nicht nachlassenden Absicht nicht mehr zuzulassen, und sich selbst völlig, aber uneigennützig, aufzugeben. Entgegenkommen und Verfallen

sein haben somit eine Gemeinsamkeit, nämlich Uneigennützigkeit. Verfallen sein sollte eine typische Wahrnehmung von Ereignissen des *eigenen Ichs* in *meiner eigenen Zeit* sein und wird von der Umwelt meistens als Wahrnehmung von Ereignissen in *anderer Zeit*, nämlich *eigener Zeit* des Betroffenen, registriert. Dabei fällt es mir, als dem Betroffenen, als einem in Abhängigkeit Verfallenem, leider ausnahmslos schwer, mein *eigenes Ich* zu erkennen, zu verstehen und letzten Endes zu durchschauen.
Verfallen sein ist nicht der „Vielfraß", der oder die alles in sich hineinschlingt oder der Trophäensammler sondern, und hier als Beispiele gedacht, sind es die Ursachen, die zum Vielfraß, zum Trophäensammler in falscher Wahrnehmung von Ereignissen des *eigenen Ichs* führen. Diese Ursachen können Seelenlosigkeit, Langeweile, Unwissenheit, Gutgläubigkeit, Fanatismus sein, aber immer sind die Gründe, im Gegensatz zu den Auswirkungen, von Uneigennützigkeit geprägt.
Verfallen sein unterliegt auch einer eigenen Dynamik und einem ständigen Wachstum. Verfallen sein hat zu viel mit Streben nach Glücksgefühlen als Wahrnehmung von Ereignissen in *eigener Zeit*, aber mehr noch mit Verlusten, Ängsten und Scham zu tun. Ich aber, der Betroffene, habe für alles Verständnis und immer neue Ausreden. Die werden mir ständig von meinem *eigenen Ich,* in *meiner eigenen Zeit,* auf dem silbernen Tablett serviert. Sie heißen ganz schlicht Lügen. Lügen, natürlich als Selbstbetrug, wobei jede Wahrnehmung von Ereignissen des *eigenen Ichs* bewusst und unbewusst von mir solange gefälscht und verfälscht werden, bis sie zur Wahrnehmung von Ereignissen *meines eigenen Ichs* geworden sind, und ich an sie glaube. Ich stelle keine einzige der Lügen in Frage. Ich als Betroffener ertappe und verstehe die Lügengespinste *mein eigenes Ich* als köstlichen Hort, der mir alle Sehnsüchte, Wünsche und Hoffnungen zu erfüllen in Aussicht stellt und sie in Befriedigung münden zu lassen

behauptet. Mein *eigenes Ich* wird zu einem wunderbaren Lügenpolster. Außenstehende bemerken dies als Wahrnehmung eines Selbstbetruges in *anderer Zeit,* nämlich in meiner *eigenen Zeit*. Die Lügen, die ich mir einrede, sind stets Versprechungen, um meine vermeintlichen, seelischen Schmerzen sofort und für alle Zukunft zu lindern. Die scheinbare Erfüllung dieser Versprechungen muss leider immer von Außenstehenden erfolgen. Aber selbst die vermeintliche Erfüllung lindert keine Schmerzen. Sie bleibt nur die Wahrnehmung von Ereignissen in *anderer Zeit* und nicht die Wahrnehmung eines gesundenden Ichs.
Verfallen sein ist fast ausnahmslos der Beginn einer seelischen Erkrankung, eines tiefgreifend verletzten *eigenen Ichs,* mit Zersplitterung der Wahrnehmung von Ereignissen in *meiner eigenen Zeit* als dessen zusammenhanglose Fragmente.
Sie wächst sich oft aus über Hörigkeit und Besessenheit bis hin zur Selbstzerstörung.

Medium, Muse

Zur Erinnerung:
Zeit ist die Wahrnehmung eines Ereignisses. Fehlt die Wahrnehmung, gibt es keine Zeit und kein Ereignis.

Neben Zeitdieben gibt es auch Zeitschenker und Zeitschenkerinnen. Dazu gehören Medium und Muse.

Ein **Medium** stellt in Wahrnehmung von Ereignissen in *seiner eigenen Zeit* eine „übernatürliche" Verbindung zu anderen Menschen oder auch Umständen her, die sich in einer Welt, in der es unsere Ansichten von Raum und Zeit nicht gibt, befinden, aufhalten oder ereignen, und die sich selbst ein denkgeübter Zuhörer nur schwer oder gar nicht vorstellen kann. Eine Nachricht von dort kann nur ein Medium empfangen und weiterleiten. Einem Medium darf ich Glauben schenken oder nicht. Ich darf ihm seine selbstbehaupte Begabung, Menschen und Dinge zu sehen, sie in Zusammenhang zu bringen, von ihnen zu erfahren, sie zu sprechen, sie zu hören, mit ihnen zu empfinden oder vielleicht Ereignisse vorherzusehen, als wahr und als Wahrnehmung von Ereignissen in *seiner eigenen Zeit* abnehmen, sie bezweifeln oder ablehnen. Glaube ich einem Medium, dann versuche ich mir *andere Zeit* schenken zu lassen und sie gegen jede Vernunft und Erfahrung zu *eigener Zeit* oder sogar zu *meiner eigenen Zeit* z.B. als Grundlage für die Befriedigung meiner Neugier, für eigenes Handeln, Honorieren seiner Tätigkeit usw., zu machen. Diese *eigene Zeit* ist für mich geschenkte *andere Zeit*. Ein Medium, dem ich glaube, ist für mich ein Zeitschenker.

Ein Medium drängt sich normalerweise nicht auf, ist aber von seinen Fähigkeiten überzeugt. Es handelt völlig autark insofern, als es meine Belange, Fragen an es anhört und vielleicht annimmt oder abwandelt, aber in der Beantwortung eigene Wege geht und Mittel einsetzt, die in *eigener Zeit* oder *anderer Zeit* von Anwesenden und von ihm zwar bezeugt aber nicht bewiesen werden können.
Ein Medium ist sich in jeder Beziehung seiner Besonderheit bewusst. Es ist stets bemüht, wenn auch nicht immer willig, seine Fähigkeiten auf Befragen anderen zur Kenntnis zu bringen, ohne sich aufzudrängen. Selbst aber für die kleinsten seiner Einsätze oder Aussagen übernimmt oder trägt es keine Verantwortung. Auch das Interpretieren seiner Aussagen ist nicht seine Sache und nicht seine Aufgabe, obwohl manches Medium das wohl anders sieht. Es möchte seine Fähigkeiten dann vielleicht zeitweise als „weltenverbindenden" Sucher und

Finder, dann wieder als Seher und Zukunftsdeuter verstanden wissen.

Eine **Muse** kann niemand absichtlich und nicht gezielt finden. Eine Muse wird durch einen Menschen verkörpert. Man kann ihr nur zufällig begegnen. Sie ist extrem scheu und schweigt hauptsächlich. Sie ist immer eine Begegnung auf Zeit. Die kann sehr tragisch enden. Zu oft verleitet der Reichtum des durch die Muse als Wahrnehmung von Ereignissen *in eigener Zeit* Empfundenen zum Prahlen. Das wiederum führt zum Ausbleiben der Wahrnehmungen und führt zum schlagartigen Nachlassen der Wirkung der Muse bis zu ihrem völligen Verschwinden.
Man kann den Menschen, der die Muse verkörpert, zwar an sich binden, die Muse in ihm oder durch ihn aber nicht. Es scheint, ihr zu begegnen, ist so schwer wie auf Glück zu treffen. Hoffen und Wünschen können nichts ausrichten. Trotzdem wird sie von sehr vielen ersehnt. Eine Begegnung mit ihr ist meistens unvorbereitet und plötzlich. Keiner weiß im Vorweg, was geschieht, wenn ihm eine Muse und dann sofort „seine" Muse begegnet.
Einer Muse kann man sich nicht entziehen. Sie wirkt ohne jedes Zutun, weder durch eigenes noch durch fremdes. Wer empfänglich für sie ist, ist ihrem Wirkungskreis willenlos und meistens beispiellos ausgeliefert. Eine Muse ist für den Empfänger immer einmalig und hochgradig selten. Eine Begegnung mit einer Muse bewirkt bei Künstlern, Musikern, Dichtern und musischen Menschen eine schlagartige Wahrnehmung ungewohnter Ereignisse und Fähigkeiten in der *eigenen Zeit*. Die Muse erfährt davon nichts, außer, dass man ihr vielleicht darüber berichtet. Sie selbst ist dann voller Unglauben, zumal sie keine Wahrnehmungen von Ereignissen der berichteten Art in *ihrer eigenen Zeit* erfährt und damit auch nichts in Zusammenhang bringen kann. Sie ist fast

ausnahmslos erstaunt, wenn sie doch davon hört oder erfährt. Eine Muse ist bei den Empfängern ihres Wirkungskreises nie aktiv und immer völlig absichtslos. Andererseits erfährt eine Muse manchmal, dass sie mehreren Menschen einen für sie nicht nachvollziehbaren Ideenreichtum beschert. Das ist dann ihre Wahrnehmung von Ereignissen in *anderer Zeit*. Für den Empfänger ist es aber oft das Ende einer solchen Begegnung, wenn er nämlich der Muse in irgendeiner Weise über seine Erfahrungen mit ihr berichtet, sie sie spüren oder wissen lässt. Er verrät damit seine Wahrnehmungen in *eigener Zeit* an sich selber, so widersprüchlich es anscheinend ist, und verliert die Muse als Schenkerin von *eigener Zeit* für immer. So schnell, wie sie ihm begegnete, so schnell wird sie sich dann seinen Wahrnehmungen entfremden und entziehen. Auch das geschieht ohne ihren Einfluss oder ihre Absicht. Es bleibt nichts, nicht einmal eine Erinnerung an das köstliche Gefühl, welches eine Muse den Empfänger ihres Einflusses als lebendige *eigene Zeit* so plötzlich hatte erfahren lassen.
Eine Begegnung mit einer Muse kennt für den Empfänger ihrer scheinbaren Geschenke keine diesbezügliche Wahrnehmung von Ereignissen in *anderer Zeit*. Alles erlebt er nur in *seiner eigenen Zeit* und in ihrer Gegenwart.
Ist sie ihm vor Augen, ist er reich. Dann überkommt ihn ein enormer Einfallsreichtum, eine gewaltige Schaffensfreude, und er ist unversehens voller Zuversicht in allem, was er jemals erreichen wollte. Sie ist ihm eine Zeitschenkerin.
Ist sie für ihn nicht sichtbar und nicht gegenwärtig, leidet er unter ihrer Abwesenheit und vermisst sie. Er fühlt sich von ihr verraten, vernachlässigt, traut sich aber nicht Forderungen zu formulieren, weil ihre Wirkung auf ihn nicht greifbar ist. Er kann sie nicht in *anderer Zeit* wahrnehmen. Ohne ihr Dasein fehlt sie ihm in *seiner eigenen Zeit*.

Eine Muse bereichert andere ausnahmslos durch ihre Existenz, ihr Dasein, und nicht durch ihren Einfluss. Sie ist die Muse. Ihr Einfluss ist die für sie ganz nebensächliche Wahrnehmung von Ereignissen durch andere in deren *eigener Zeit*. Sie wird immer wahrgenommen als Ereignis in *eigener Zeit* und niemals in *anderer Zeit*. Wird sie jedoch scheinbar in *anderer Zeit* wahrgenommen, dann handelt es sich um die Person, welche die Muse in sich trägt.
Auch eine „heimliche" Muse, die vielleicht durch den Erwartungsdrang eines Kunstschaffenden von ihm auf eine Person projiziert wird, und die mit dem Kunstschaffenden keinerlei Begegnung hatte, wird nur in *anderer Zeit* wahrgenommen. Sie ist dann eine bestimmte Art von Selbstbetrug bzw. Wunschdenken.

Der Einfluss einer wahren Muse ist stets und direkt mit ihrer Gegenwart und Begegnung verbunden und nicht über den Umweg der Beeinflussung, z.B. durch Gespräche mit ihr oder Fragen an sie oder Erfragen anderer Ausdruckmöglichkeiten z.B. für Schaffende.
Ihre Gegenwart schenkt dem Empfänger ihres Einflusses direkt und unerwartet *eigene Zeit*.

Hass, Neid, Betrug und Verrat

Zur Erinnerung:
Zeit ist die Wahrnehmung eines Ereignisses. Fehlt die Wahrnehmung, gibt es keine Zeit und kein Ereignis.

Hass, Neid und **Betrug** unterscheiden sich grundsätzlich von **Verrat**. Verrat entsteht in *anderer Zeit* und verletzt dann *mein eigenes Ich*. Hass, Neid und Betrug entstehen in *meiner*

eigenen Zeit und sind Wahrnehmungen meines bereits verletzten *eigenen Ichs*.
Hass ist ebenso wie Neid und Betrug eine Wahrnehmung von Ereignissen *meines eigenen* verletzten *Ichs* in *meiner eigenen Zeit*. Insbesondere der Hass entsteht nicht in *anderer Zeit,* sondern wächst und „gedeiht" zunächst als kleiner Keim, der in meinem *eigenen Ich* Zuhause ist und ebenso wie Neid verhätschelt, aber dann unermüdlich von mir zum Wachsen angestachelt wird. Das geschieht erst in Gedanken, dann in heimlichen oder lauten Worten und schließlich vielleicht sogar in Taten. *Andere Zeiten*, die mich zu Hass und Neid verleitet haben könnten und von denen ich durch Zufall oder in Langatmigkeit erfahren habe, sind dabei Zeitdiebe an mir. Die von mir wahrgenommene *eigene Zeit* wird von den *anderen Zeiten* zerfressen und aufgefressen. Irgendwann nehmen Hass und Neid *meine* gesamte *eigene Zeit* ein. Sie wachsen sich aus zu Geschwüren.

Betrug ist eine Verfeinerung von Hass und Neid, weil er mir, ebenfalls als Wahrnehmung in *eigener Zeit*, aber auch entstanden durch *andere Zeit*, eine Möglichkeit schafft, scheinbar in Rache handeln zu können. Noch ungewisser, aber viel verführerischer ist es, Hass und Neid dadurch endlich in *eigener Zeit* auch genießen zu können. Bis dahin hatte ich nur unter ihnen gelitten. Hass und Neid verursachten permanentes Leiden, dauernde Qualen und Dürsten nach einer unbekannten Erfüllung. Rache aber, versteckt im Betrug, bietet mir an, Hass und Neid solange wie möglich in köstlich reiner Form als Wunschdenken in *eigener Zeit* am Leben zu erhalten. Rache rächt sich jedoch schnell, wenn aus Wunschdenken Handeln werden sollte oder wird, denn die Verletzungen *meines eigenen Ichs* durch Hass und Neid werden durch Betrug und die damit verbundene Rache, immer größer und schlimmer. Der Diebstahl an eigener Zeit wirkt sich noch gravierender in *meiner eigenen Zeit* aus. Es bleibt schließlich kein Freiraum mehr für Wahrnehmungen in wirklich *eigener Zeit,* sondern es zählen nur noch *andere Zeiten*. Ich selbst werde abhängig von solchen Wahrnehmungen, die man mir berichtet oder von denen bzw. über die ich anderswie erfahre.

Verrat entsteht immer in *anderer Zeit* und geschieht dann an *meinem eigenen* gesunden unverletzten *Ich* in *meiner eigenen Zeit*. Es ist ein großer Irrtum zu denken, dass Verrat selbst eine gute Sache oder ein gutes Tun ist, sein könnte oder sein kann. Er wird aus *anderer Zeit* in mich durch mich gepflanzt. Damit er dort bleibt, muss ich die Wahrnehmung von Ereignissen meines *eigenen Ichs* dauernd belügen und mit scheinbaren Wahrnehmungen in *anderer Zeit* solange betrügen, bis ich schließlich von ihm, dem Verrat, als *meine eigene Zeit* überzeugt bin. Das alleine schon ist nicht gut, es ist nicht mehr Wahrnehmung *meines eigenen Ichs* in *eigener Zeit*. *Mein eigenes Ich* war ursprünglich nicht verletzt und nicht Auslöser meiner Gedanken an Verrat sondern *andere Zeit* bedrängte mich derartig, dass ich nur noch an Verrat als scheinbare Wahrnehmung *meines eigenen Ichs* denken konnte.

Verrat orientiert sich nicht am Wachstum in mir, sondern an den Wahrnehmungen von Ereignissen in *anderer Zeit*, z.B. wie schwerwiegend, wie hinterlistig, wie umständlich und natürlich oder unnatürlich, wie erfolgreich oder erfolglos er sein wird und auch daran, wer ihn durchführt.

Begehren, Verlangen, Leidenschaft

Zur Erinnerung:
Zeit ist die Wahrnehmung eines Ereignisses. Fehlt die Wahrnehmung, gibt es keine Zeit und kein Ereignis.

Jede dieser einschneidenden, eigenen Gefühlsregungen, **Begehren, Verlangen, Leidenschaft,** ist so überraschend, dass der oder die Betroffene sie immer als Wahrnehmung eines Ereignisses in *seiner* bzw. *ihrer eigenen Zeit,* also als Wahrnehmung von Ereignissen, *seines* oder *ihres eigenen Ichs*, erlebt und niemals als solche in *eigener Zeit,* also als Wahrnehmung von Ereignissen außerhalb des *eigenen Ichs*. Eine derartige Wahrnehmung, mit möglicherweise ganz verschiedenen Ursachen, als solche zu erkennen und dann voneinander zu unterscheiden, ist schwierig. In ihrer Zuordnung jedoch, nämlich der Beantwortung der Frage, ob die Gefühlsregungen in mir latent vorhanden waren oder von außen an mich herangetragen und dann in mir wirksam wurden, ist eine Antwort enorm wichtig. Kommen die Wahrnehmungen nämlich aus *meinem eigenen Ich*, werde ich mich kaum vor ihnen schützen können und bin einem Wirksamwerden machtlos ausgeliefert. Handelt es sich bei ihnen aber um Begegnungen, denen ich nicht ausweichen konnte, kann ich mit diesem Wissen rechtzeitig meine Gefühlsregungen einordnen und mit ihnen bewusst umgehen oder umzugehen versuchen. In *eigener Zeit* müssten sie tatsächlich Begegnungen sein, welcher der oder die Betroffene nicht ausweichen konnte. In *seiner* oder *ihrer eigenen Zeit* aber sind sie Wahrnehmungen des *eigenen Ichs* und als Gefühlsregungen bestehende und lang anhaltende Teile von *seinem* oder *ihrem eigenen Ich*, die plötzlich zum Ausbruch kommen. Begehren, Verlangen und Leidenschaft erscheinen

eigentlich nicht als ein gemeinsames, gleichwertiges Ereignis, sondern nacheinander, je nach dem, was sich von den Dreien anfangs als das Schwächste gezeigt hat. Das Schwächste insofern, als es von allen den geringsten Widerstand beim *eigenen Ich* erzeugen und auch als harmlos erkannt wird. Scheinbar halten sich die Stärkeren im Hintergrund oder, was viel wahrscheinlicher ist, von den drei genannten Gefühlsregungen wird überhaupt nur eine wirksam. Begehren bedingt nicht unbedingt Verlangen und das nicht unbedingt Leidenschaft. Jede dieser drei tritt auch nicht immer wieder neu in Erscheinung, trotz vielleicht gleicher Umstände, und wird auch nicht immer gleichermaßen aktiv.
Aber Begehren kann von Verlangen und Verlangen von Leidenschaft abgelöst werden. Auch andere Reihenfolgen sind denkbar. Begehren, Verlangen, Leidenschaft entstehen stets, wenn sie von einem oder einer Betroffenen, mit der Wahrnehmung von Ereignissen in *eigener Zeit*, also außerhalb des *eigenen Ichs,* an sich selbst entdeckt werden. Das beantwortet aber nicht die Frage, ob diese *eigene* Gefühlsregung in *meinem eigenen Ich* Zuhause ist oder in *anderer Zeit* entstand. Vielleicht habe ich sie mir nur angeeignet. Möglicherweise ist es ein Selbstschutz, um nicht zugeben zu müssen, dass ich irgendwie Begehren, Verlangen, Leidenschaft in mir spüre und damit veranlagt bin. Die Frage, ob diese Zwitter, die ich entdeckt habe, etwas Gutes oder etwas Miserables sind, könnte sonst ein Problem sein. Begehren, Verlangen, Leidenschaft sind gerichtet auf Ereignisse außerhalb *meines eigenen Ichs*. Das können Geld, Schmuck, Kunst, andere Menschen, Reichtum und z.B. Luxus und Politik, aber auch in hohem Grad Selbstdarstellung, Selbstzerstörung wie Sucht oder Einmaligkeit z.B. in Form von Suizid sein. Diese Anlässe und besonders die letzteren können immer nur Wahrnehmungen von Ereignissen in *eigener Zeit* und nicht in *meiner eigenen Zeit* sein. „Die Objekte der

Begierde" liegen also stets außerhalb *meines eigenen Ichs. Das* beantwortet auch die Frage nach den latent in mir vorhandenen Gefühlsregungen oder von außen beeinflussten Anregungen meiner Gefühle. Die Bereitschaft zu Begehren, zu Verlangen und in Leidenschaft zu leben, mag zwar stets latent in *meinem eigenen Ich* vorhanden sein. Die Auslöser aber zu deren Wirken werden eindeutig aus *anderer Zeit* adaptiert. Wie etliche andere Gefühlsregungen müssen sie, trotz mancher gewaltiger, anhaltender Glücksmomente, zu den klassischen Zeitdieben gerechnet werden. Sie rauben mir *eigene Zeit,* die ich nicht für mich in Anspruch nehmen kann. Sie wird bewusst oder unbewusst mit Wunschdenken, z.B. durch Wachträume, oder durch Mutproben, Machtproben, Überraschungsaktionen oder ähnliches ersetzt oder als scheinbar *eigene Zeit* durch eigenverantwortliches Handeln ausgelebt.

Maßstab für meine Ehrlichkeit

Zur Erinnerung:
Zeit ist die Wahrnehmung eines Ereignisses. Fehlt die Wahrnehmung, gibt es keine Zeit und kein Ereignis.

Treue verlangt immer nach **Ehrlichkeit** und erwartet sie in jeder Beziehung als Wahrnehmung von Ereignissen in *eigener Zeit*, also außerhalb *meines eigenen Ichs*.
Treue als Wahrnehmung von Ereignissen in *meiner eigenen Zeit,* also als Teil *meines eigenen Ichs,* kann ich mir nur in versäumter, verpasster, verhinderter und z.B. durch Mangel an Gelegenheit nicht wahrgenommener Untreue vorstellen, bzw. nachweisen und bezeugen. Treue selbst kann ich nicht beweisen. Da Untreue bei bestehender Treue nicht stattfindet,

hat Treue also keinen Maßstab in *eigener Zeit* und nicht in *meiner eigenen Zeit*. Sie bleibt oft völlig unentdeckt.
Begehe ich jedoch Untreue, so liegt der Maßstab für Untreue in der Wahrnehmung von Ereignissen in *anderer Zeit.* Andere lassen mich mit der Wahrnehmung von Ereignissen in *ihrer Zeit* wissen, was Untreue für mich zu bedeuten hat. Sie hat direkt mit Ehrlichkeit zu tun und deckt diese auf oder zu. *Andere Zeit* wird so zum Maßstab für Untreue, die über den Umweg, Ehrlichkeit, meine Treue bemisst.

Ehrlichkeit bedingt Treue nur sich selbst gegenüber und ist stets Wahrnehmung von Ereignissen in *meiner eigenen Zeit*, also *meines eigenen Ichs.* Ehrlichkeit als Wahrnehmung von Ereignissen in *meiner eigenen Zeit* wird in mir als fester Bestandteil *meines eigenen Ichs* empfunden. Er wird nur dann in Frage gestellt, wenn die Wahrnehmungen von Ereignissen in *anderer Zeit,* die mir z.B. zugetragen werden, einen anderen Teil *meines eigenen Ichs* verführen und ihn in Versuchung bringen, nämlich unehrlich zu sein. Da Unehrlichkeit bei bestehender Ehrlichkeit nicht stattfindet, hat diese nur sich selbst zum Maßstab. Ein solcher Maßstab, also die Festlegung, was Ehrlichkeit ist, richtet sich naturgemäß nach meinen Erfahrungen. Die sind Berichte von Wahrnehmungen von Ereignissen, die Ehrlichkeit betreffend, aber in *anderer Zeit. Andere Zeit* wird so zum **Maßstab für meine Ehrlichkeit**.

Treue und Ehrlichkeit sind weder Wahrnehmung von Ereignissen in *meiner eigenen Zeit, meines eigenen Ichs,* noch Wahrnehmung von Ereignissen in *eigener Zeit*, also außerhalb davon. Treue und Ehrlichkeit werden, entgegen allen Erwartungen, einzig durch Wahrnehmungen von Ereignissen in *anderer Zeit,* bewertet und bemessen.
Ich selbst kann sie weder beweisen noch bezeugen.

Kindheit

Zur Erinnerung:
Zeit ist die Wahrnehmung eines Ereignisses. Fehlt die Wahrnehmung, gibt es keine Zeit und kein Ereignis.

Es kann an dieser Stelle nicht über die Wahrnehmungen von Ereignissen eines Kindes im Laufe seiner **Kindheit**, die vielleicht vom zweiten bis zum höchstens fünften Lebensjahr währt, in *seiner eigenen Zeit*, also *seines eigenen Ichs* berichtet werden. Es würde sich dann um unprofessionelle Spekulationen handeln. Der Beobachter, also ich, verfügt nicht mehr über eigene umfangreiche Wahrnehmungen von Ereignissen seines *eigenen Ichs* oder gar in *eigener Zeit*, weil die meisten nicht erinnert werden oder letztere sich gar nicht ereignet zu haben scheinen. Ich selbst kann nur noch über erinnerte Wahrnehmungen von Ereignissen in *meiner eigenen Zeit,* die aus meiner Kindheit stammen, berichten.

Erinnerungen an die Kindheit in *meiner eigenen Zeit*, also *meines eigenen Ichs*, oder auch in *eigener Zeit* sind zu oft nur Bruchstücke. Ihre Bedeutung ist für mich nicht eindeutig und nicht ohne Fehlfarben zuzuordnen.
Bei mir herrschen sicher nur Erinnerungsreste vor, wie sie bei den meisten Erwachsenen mehr oder weniger abrufbar sind. Die werden von mir bewusst oder unbewusst neu als Wahrnehmungen von Ereignissen in *meiner eigenen Zeit* empfunden.
Dreh- und Angelpunkt für solche Aufarbeitungen sind meistens die Erinnerungen an frühkindliche und kindliche Wahrnehmungen von Ereignissen in *meiner eigenen Zeit* durch Eltern oder z.B. Großeltern, Geschwister, Heime, fremde Menschen, Liebmenschen oder Unmenschen. In meinen

Erinnerungen bin ich bemüht, sie so zu sortieren, dass sich Wahrnehmungen von Ereignissen *meiner eigenen Zeit*, also *meines eigenen Ichs*, vielleicht sogar *eigener Zeit* oder *anderer Zeit* zuordnen lassen. Davon verspreche ich mir zu erkennen, ob andere und wie weit, Einfluss auf meine Kindheit hatten. War der gravierend, so dass ich von den Folgen wie eine „Lorenz'sche Graugans" geprägt wurde, oder hatte und habe ich je eine Chance gehabt, einen eigenen Weg zu finden und zu gehen. Das herauszufinden, habe nur ich allein die Möglichkeit, weil nur ich über Wahrnehmungen von Ereignissen in *meiner eigenen Zeit*, authentisch berichten kann.

Falls ich als Kind in Lieblosigkeit aufgewachsen sein sollte, so ist mir dieses Erkennen damals erspart geblieben. Ich hätte den Mangel an körperlicher Zuwendung und Zuspruch nicht sonderlich bemerken können. Woher sollte ich es anders wissen. Der Mangel wäre keine Wahrnehmung von Ereignissen in *meiner eigenen Zeit gewesen*, weil er von mir nicht als solcher hätte erkannt werden können. Nur die herrschenden Zustände sind von mir wahrgenommen worden. Ich erlebte alles unkritisch und vorurteilslos. Wahrnehmungen von Ereignissen von anderen in deren *anderer Zeit* erreichten mich nicht. Sie konnten mich nicht erreichen. Die Wahrnehmungen von Ereignissen in *meiner eigenen Zeit* waren in jeder Beziehung in Abhängigkeit davon verharrt und verhakt und verhinderten so sämtliche *andere Zeiten* an mein *eigenes Ich* zu gelangen.

Hätte ich dagegen meine Kindheit im scheinbaren Liebesüberfluss verbracht, wäre ich z.B. von der Mutter in körperlicher, überschwänglicher Fürsorge bis hin zur völligen Unselbständigkeit und anhaltender Brutkastenmentalität in Helikoptermanier verhätschelt worden, dann hätte ich meine

Kindheit trotzdem nur in der Wahrnehmung von Ereignissen in *meiner eigenen Zeit* und im Verharren verbracht. Auch dann hätten mich Wahrnehmungen von Ereignissen in *anderer Zeit* nicht erreicht.

Es besteht für mich, nur bezogen auf die Frage, ob außer den Wahrnehmungen von Ereignissen in *meiner eigenen Zeit* auch solche in *eigener Zeit* oder *anderer Zeit* erfolgten, entgegen manchen Meinungsäußerungen anderer, kein Unterschied zwischen einer Kindheit in Lieblosigkeit und einer im Liebesüberfluss. In beiden Beziehungen verharren die Wahrnehmungen von Ereignissen stets in *meiner eigenen Zeit*.

Die Wahrnehmungen von Ereignissen in *eigener Zeit,* also außerhalb *meines Ichs,* beginnen erst mit dem Ende der Kindheit. Sie sind bis dahin gänzlich ausgeschlossen und erhalten keinen Zugang zu *meinem eigenen Ich.* Es gibt für mich bis dahin noch keine Wahrnehmungen von Ereignissen in *eigener Zeit*. Wann allerdings Kindheit bei jedem oder jeder einzelnen endet, kann keiner wissen oder gar festlegen.

Hätte ich eine andere Kindheit gehabt, z.B. die von Frühbegabten oder Hochbegabten, so wäre diese ähnlich verlaufen, nur mit dem großen Unterschied, dass offenbar das Freilegen von Ressourcen und die Wahrnehmungen von Ereignissen in *meiner eigenen Zeit, meinem eigenen Ich,* bei keiner Beziehung in irgendeiner Abhängigkeit verharrt wäre. Ich hätte anscheinend frei oder heimlich und versteckt alle Möglichkeiten eines eigenen Umganges mit dem *eigenen Ich* während der Kindheit nutzen können und auch genutzt, geliebt und entwickelt. Trotz des Unwissens um vielleicht offene Wege und deren Nutzung sowie dem fragwürdigen Erahnen möglicher Freiräume, hätte ich mich selbst gefördert und gefordert. Solche Kinder erleben ihre Kindheit, ebenso wie

andere, in keiner Beziehung zu Wahrnehmungen von Ereignissen in *eigener Zeit* oder *anderer Zeit.* Herausragende Kinder regen sich selbst zu schöpferischem Tun an.
Auch für sie besteht die Kindheit einzig aus den Wahrnehmungen von Ereignissen in *ihrer eigenen Zeit.* Das scheint für alle Kinder zu deren Schutz zu sein, und es sind grundlegende Erfahrungen, die sie damit machen. Erfahrungen aber sind keine Prägungen, denn Erfahrungen kann man nicht lernen oder vermitteln. Prägungen hingegen sind Wahrnehmungen von Ereignissen aus *anderer Zeit,* die sofort als Wahrnehmungen von Ereignissen in *eigener Zeit, des eigenen Ichs,* aufgenommen werden. Die aber finden in der Kindheit nicht statt.
Kindheit ist gefangen in *ihrer eigenen Zeit*.

Liebeskummer

Zur Erinnerung:
Zeit ist die Wahrnehmung eines Ereignisses. Fehlt die Wahrnehmung, gibt es keine Zeit und kein Ereignis.

Liebeskummer beweint Verlassen sein oder Verloren haben und die Irrtümer in den Wahrnehmungen von Ereignissen in *meiner eigenen Zeit, meines eigenen Ichs*. Er ist mit nichts ähnlich Einschneidendem und Schlimmem vergleichbar.

Liebende sind zugleich Zeitschenker aber auch Zeitdiebe. Sie sind es insofern, als sie sich gegenseitig mit hingebungsvoller Zuneigung, verbindlichem Vertrauen, scheinbar nicht enden wollender Ehrlichkeit und dem heimlichen oder offenen Bekenntnis zu ihrer Liebe und dem Wissen um deren Zerbrechlichkeit alle Aufmerksamkeit zukommen lassen.

Liebende halten aber auch absichtlich oder unabsichtlich und scheinbar ganz nebenbei den geliebten Partner davon ab, seinen oder ihren üblichen Wahrnehmungen von Ereignissen in *eigener* und *anderer Zeit* nachzugehen. Diese werden, völlig verdreht als Wahrnehmungen von Ereignissen, aus z.B. *eigener Zeit,* vom Liebenden selbst, umgemünzt in solche in *anderer Zeit* und umgekehrt. Der oder die Liebende glaubt auch besonders in der *Zeit des anderen* zu denken und Wahrnehmungen von Ereignissen in dessen *anderer Zeit* wie er oder sie zu empfinden. Jeder der Partner ist angenehm sicher, in der Umkehr der eigentlichen Verhältnisse und sich dessen wohl auch bewusst. Er empfindet sie, trotz, leise gedachter oder zögerlich ausgesprochener Zweifel, als beglückend und Bereicherung. Es stört ihn nicht, zu sehen und zu erfahren, dass es, bei eigentlichem Besserwissen, eine solche Umkehrung und zugleich Intimität für ihn bzw. für sie gibt. Besserwissen heißt hier, dass seine oder ihre Lebenserfahrungen ihn oder sie warnen sollten. Es handelt sich schließlich um Vermutungen, die auch schwer enttäuscht werden könnten. Ihre Wahrnehmungen von Ereignissen in *eigener* und *anderer Zeit* lenken ihn oder sie aber wie fremdgesteuert von kaum noch zu erinnernden Erfahrungen ab und scheinen Bestätigungen zu sein. Er und sie haben das Gefühl zu geben und zu nehmen. Sie stehlen dem Partner unverhohlen oder insgeheim *andere Zeit* und geben mehr oder weniger gerne ihre *eigene Zeit*. Die Partner nehmen dies nicht nur billigend, sondern auch siegessicher hin. Mehr noch. Ihre Gefühle sind so neu und so wohltuend tief und so völlig ungewohnt wie scheinbar zuverlässig, dass sie sie mit großer Freude, aber auch zu wenig intuitiver Vorsicht und zu wenig Argwohn und Zweifel annehmen. Sie werden sogleich begierig als Wahrnehmungen von Ereignissen in *seiner* bzw. *ihrer eigenen Zeit* verankert.

Es ist ziemlich sicher, ja gewiss, dass Wahrnehmungen von Ereignissen auch bei Liebenden nur und allein in deren *eigener Zeit* sogar dem *eigenen Ich* eines jeden Partners stattfinden. Alles andere ist und bleibt Wunschdenken. Kein Liebender kann tatsächlich Wahrnehmungen von Ereignissen in *anderer Zeit,* also der des Partners in *dessen bzw. deren eigener Zeit, dessen oder deren eigenem Ich,* erleben oder empfinden. Noch etwas: Liebe ist wie Teilen. Teilen heißt aber nicht halbieren. In der Liebe stößt der oder die Liebende nicht immer auf die vermutete, erwartete, gewünschte Gegenliebe oder überhaupt auf einen Funken von Liebe, z.B. wenn der oder die Geliebte nichtsahnend, unwissend, uneinsichtig oder unwillig ist. Das bleibt leider oft und manchmal auch für lange, lange Zeit von beiden Seiten unbemerkt und wird entsprechend sehr befürchtet und gefürchtet.

Es ist durchaus der Schluss zulässig, dass Wahrnehmungen von Ereignissen unter Liebenden immer nur deren *eigene Zeit*, deren *eigenes Ich* betrifft und niemals das gelungene Eindringen in die Wahrnehmungen von Ereignissen des oder der anderen in *anderer Zeit*. Auch wenn es noch so sehr gewünscht und ersehnt wird. Den Partner kann ich zwar befragen und er wird mir antworten, aber nur bedingt und mir nur Wahrnehmungen von Ereignissen in *anderer Zeit* mitteilen können. Was bleibt, ist der Glaube des oder der Liebenden an die Ehrlichkeit und Aufrichtigkeit des geliebten Partners. Dieses Fundament wird in den Wahrnehmungen von Ereignissen in *eigener Zeit* dauernd gesucht und gefunden aber auch überprüft, wobei selbst grobe Abweichungen noch ein Schönreden nach sich ziehen können. Schönreden ist aber niemals ein Dauerzustand und kann auch mit herben Enttäuschungen enden.

Die größten Enttäuschungen entstehen dann, wenn die sich immer wiederholenden Selbstverständlichkeiten für den Liebenden oder die Liebende in zu erwartenden Wahrnehmungen von Ereignissen in *seiner* bzw. *ihrer eigenen Zeit* nicht eintreffen, sondern sogar ausbleiben oder das krasse Gegenteil geschieht. Das krasse Gegenteil ist das Wahrnehmen müssen völlig unerwarteter Ereignisse, nämlich Liebesentzug und Liebesverlust, Betrug und Unehrlichkeit durch den Partner oder von ihm verlassen zu werden. Der wesentlichste Bestandteil der Wahrnehmungen von Ereignissen in *meiner eigenen Zeit, meinem eigenen Ich*, geliebt zu werden, tritt nicht mehr ein. Das sind zugleich Trennung und Herausreißen von, bis dahin fest verankerten Erwartungen.

Sie werden als Liebeskummer in maßlosem Schmerz, großem Leid und übergroßer, leidenschaftlicher Enttäuschung empfunden. Meistens bleiben zum Schluss nur Selbstvorwürfe und unbeantwortete Fragen als Wahrnehmungen von Ereignissen in *seiner* bzw. *ihrer eigenen Zeit, seinem* oder *ihrem eigenen Ich.*

Schönheit

Zur Erinnerung:
Zeit ist die Wahrnehmung eines Ereignisses. Fehlt die Wahrnehmung, gibt es keine Zeit und kein Ereignis.

Schönheit ist das zufriedene Lächeln in der Wahrnehmung eines Ereignisses *meines eigenen Ichs* in *eigener Zeit* durch *mich* und das erleichterte Aufseufzen bei einer unerwarteten oder erhofften Begegnung. Schönheit ist nicht nur sichtbar,

weil sie auch mit Wertevorstellungen und sehr mit jeder Art von Ästhetik als Wahrnehmung eines Ereignisses in *eigener Zeit* durch *mich* verbunden sein kann.
Schönheit ist Teil *meines eigenen Ichs* sowie des *eigenen Ichs* jedes einzelnen Menschen in *seiner eigenen Zeit* und in seiner *eigenen* Art und Weise. Schönheit ist grundsätzlich individuell, also höchst persönlich. Ich kenne und erkenne die Schönheit *meines eigenen Ichs* sofort, auch außerhalb *meines eigenen Ichs*, wenn ich mir ihrer bewusst bin. Eine andere Art von Schönheit wird mir aber zu oft in Wahrnehmungen von Ereignissen durch andere *in* deren *anderer Zeit* aufgedrängt, so dass es mir nicht mehr oder kaum noch gelingt, die Schönheit *meines eigenen Ichs* zu finden, zu suchen oder zu erhalten. Das kann ich durch Gewohnheit als angenehm, bequem und beglückend empfinden, weil ich auf diese Weise wahrnehme, dass sich meinem Schönheitsempfinden neue Welten offenbaren. Es kann meinem *eigenen Ich* zu schöpferischen Impulsen verhelfen. Es kann aber auch enttäuschend sein, wenn ich vermeintlich durch andere in deren Wahrnehmung von Ereignissen, als unwissend eingestuft und abgestempelt werde.

Schönheit hält unterschiedlich lange an, je nachdem, wie schnell sich die Wahrnehmung dieses Ereignisses verändert. Sie kann wachsen oder sie kann verblühen und verglühen, aber immer nur in der Wahrnehmung von Schönheit als Ereignis durch *mich* und nicht durch *andere*. Über Schönheit entscheidet einzig *mein eigenes Ich* in seiner Wahrnehmung dieses Ereignisses in *meiner eigenen Zeit*.

Es ist müßig zu behaupten, dass etwas „schön" ist, denn es gibt nichts, was allgemein „schön" sein kann. Besser ist es stets zu sagen, dass etwas von mir als schön empfunden wird. Es gibt auch keinen gültigen Maßstab für Schönheit, von den

Bemühungen anderer, die mir einen solchen einreden wollen, einmal abgesehen.
Man weiß, dass es ein sogenanntes Schönheitsideal geben soll, aber, das weiß man auch, dass es von Land zu Land verschieden ist und immer in der Wahrnehmung von Ereignissen durch *andere in deren Zeit* entsteht oder entstanden ist und Maßstäbe setzen soll. Menschen, die z.B. isoliert leben, haben unbewusst oder absichtlich eine *eigene* Wahrnehmung von Ereignissen *Ihres eigenen Ichs* in *ihrer Zeit,* Schönheit betreffend. Sie suchen nicht nach einem Maßstab, sondern nach Glücksempfinden in *eigener Zeit* in ihren Begegnungen.

Man behauptet zuweilen, dass es „vollkommene Schönheit" gibt. Aber auch das ist Wunschdenken. Grundsätzlich kann es keine Vollkommenheit geben. Die Wahrnehmung eines Ereignisses, welches *mein eigenes Ich* so einzigartig durchdringt, bezieht sich stets auf das Erleben von Schönheit, welches auslöst wird durch sichtbare, riechbare, hörbare bzw. fühl- oder schmeckbare Teile eines Ganzen. Ein Ereignis kann aber niemals als Ganzes erfasst werden, da z.B. auch eine Wahrnehmung des gleichen Ereignisses durch einen *anderen in* dessen *anderer Zeit* denkbar ist und natürlich völlig anders verläuft. Schönheit kann *mein eigenes Ich* in *meiner eigenen Zeit* durch ein Bild, eine Melodie, gelungene Sprache, ein Genussessen, einen Geruch, der mich erinnern lässt, die Berührung einer fremden, anderen oder sogar der eigenen Haut erreichen und berühren und mir „den Kopf verdrehen". Ein Kuss, z.B. ist häufig der Ausdruck größter Nähe und Vertrautheit zu einem anderen Menschen. Liebe scheint im Spiel zu sein. Aber so wenig umfangreich die Wahrnehmung von Liebe als ganzheitliches Ereignis durch *mich* oder einen *anderen* in *meiner* oder *anderer Zeit* sein kann, so wenig ist es bei Schönheit möglich. Sie besteht aus Vergänglichkeit, aus

Bereicherung und z.B. meinem Miterleben. Einer von mir empfundenen äußerlichen Schönheit sollte ich nicht unbedingt eine vergleichbare innere Ausgeglichenheit und Ebenmäßigkeit unterstellen oder sie erwarten. Dies könnte sich als schwerer Fehler herausstellen, der leider aus Ahnungslosigkeit allzu schnell begangen werden kann.

Liebespost

Zur Erinnerung:
Zeit ist die Wahrnehmung eines Ereignisses. Fehlt die Wahrnehmung, gibt es keine Zeit und kein Ereignis.

Interessant sind Wahrnehmungen von Ereignissen *meines Ichs durch mich* beim Verfassen von **Liebespost**.
Sie zu gestalten ist eine hohe Kunst, nicht nur, weil sie oft aufwendig und, nach meiner Meinung, in allen Einzelheiten ansprechend und schön sein soll, obwohl das Empfinden für das, was für den anderen oder die andere schön ist, mir ziemlich fremd sein muss, sondern vor allen Dingen, weil sie überzeugen muss. Es werden Liebeslieder komponiert und endlos viele Gedichte verfasst. Liebespost versucht, mit mehr oder weniger Geschick, ein berauschendes Gefühl, als Wahrnehmung von Ereignissen *meines eigenen Ichs,* zu beschreiben und zu vermitteln.
Sie ist die Weitergabe von Liebesbotschaften als Wahrnehmungen von Ereignissen *meines eigenen Ichs* durch *mich* in *eigener Zeit* an eine geliebte Person. Die beginnen oft mit einer ersten, oberflächlichen, scheinbar zufälligen Berührung der oder des Geliebten und sollen unbedingt mit intensivem Beisammensein enden.

Dabei spielt es keine Rolle, ob das Beisammensein durch Liebesbriefe, Liebesgesandte, E-Mails, SMS, Rufen, Singen, Winken oder, oder, oder erreicht wird. Der Mensch ist erfinderisch und sucht hier immer Wege, die eigentlich unentdeckt für andere bleiben sollen, aber zu dem Betreffenden, der Betreffenden in geheimster Sendung und Sprache führen.
Im Umkehrschluss könnte es heißen, dass eine Liebespost, die ohne irgendeinen direkten Kontakt begonnen wird, erfolglos bleibt und lieber beendet werden sollte. Wird eine erste Berührung gar nicht bemerkt, ist sie ohnehin keine Wahrnehmung eines Ereignisses und keine *Zeit*. Der oder die *andere* hingegen erlebt seine, ihre Wahrnehmung dieses kleinen Ereignisses in *seiner,* aber für den Partner *anderen Zeit*. Von der erfahre ich normalerweise niemals wieder etwas, es sei denn, mich erreicht eine Liebespost von ihm oder ihr. Meine eigene einsame Liebespost, die ins Leere stößt, ins Erfolglose, würde mich aber wahrscheinlich in meinen Bemühungen um weitere Wahrnehmungen von Ereignissen *meines eigenen Ichs* in *eigener Zeit* aufschrecken und neue Liebespost verfassen lassen. Überbringer und Übermittler von Liebespost müssen engste Vertraute sein und zu den zuverlässigen Menschen oder verlässlichsten Einrichtungen gehören.
Liebespost von Frauen unterscheidet sich gewaltig von denen der Männer. Beide offenbaren sich zunächst in charakteristischen, überschwänglichen, aber auch verhaltenen Mitteilungen über Wahrnehmungen von Ereignissen *ihres eigenen Ichs* in *ihrer eigenen Zeit.* Das sind hauptsächlich Selbstdarstellungen, Selbsteinschätzungen und sogar überzogenen Selbstwerteinschätzungen, um Interesse zu wecken. Dann aber neigt eine Frau meiner Erfahrung nach dazu, sich unbefangen darzustellen. Sie zeigt sich einerseits in der Mitteilung von Wahrnehmungen von Ereignissen *ihres*

eigenen Ichs und in *eigener Zeit* verhalten, verständnisvoll, umgänglich dem vermeintlichen Geliebten gegenüber, um, wie sie meint, einem Klischee in der Erwartungshaltung des Angesprochenen zu entsprechen und verwendet dabei vermeintliche Wahrnehmungen von Ereignissen *anderer* in *anderer Zeit.* Andererseits aber neigt sie auch dazu, ihre intimsten Geheimnisse in der Mitteilung von Wahrnehmungen von Ereignissen *ihres eigenen Ichs* in *ihrer Zeit* als mögliche Offenbarung anzubieten. Sie kokettiert z.B. damit, dass sie das Passwort ihres sonst für niemanden zugänglichen, elektronischen Tagebuchs erwähnt. Sie stellt sich vielleicht selbst indirekt zur Eroberung in Aussicht oder fordert den Betreffenden zu etwas auf, z.B. „wie gefällt Ihnen mein Kleid" oder: „sammeln Sie auch so süße Mokkatassen"? und auf eine Antwort und eine Meinung hofft. Sie unterscheidet dabei sehr genau, ob dem „Angebeteten" Wahrnehmungen *seines eigenen Ichs* in *eigener Zeit* oder solche von *anderen* und besonders einer anderen in *anderer Zeit* einfallen. Diesen Unterschied macht sie intuitiv. Zu leicht bedient sich der Angesprochene nämlich einer Antwort, die nicht seiner Überzeugung entspricht, also einer Wahrnehmung von *anderen* in *anderer Zeit*, und äußert z.B. „Mokkatassen sammelt doch heute keiner mehr, wozu auch"? oder ähnlich. Das registriert sie als „Ich interessiere ihn nicht". Kaum ausgesprochen tut ihm das jedoch schon wieder leid.
Männer bemühen sich bei ihrer Liebespost um das Ausschöpfen anderer Möglichkeiten. Die Verehrte wird dabei nach seiner Vorstellung umfangreich von ihm mit Worten und Taten „verkleidet". „Sie sind die Schönste", „als ob ich Sie schon immer kenne", und schickt Blumen in besonderen Farben oder Mengen als Zeichen seiner Wertschätzung.
Fast nie entspricht eine solche Verkleidung den Wahrnehmungen von Ereignissen *seines eigenen Ichs* in *eigener Zeit.* Meistens kopiert er solche von *anderen* in

anderer Zeit. Das entsteht einfach dadurch, dass der Mann intensiv versucht sich in die Situation der Liebespostempfängerin zu versetzen, um ihr in Worten, Bildern, Geschenken das zukommen zu lassen oder mitzuteilen, was sie seiner Meinung nach von ihm erwartet oder in ihm sehen bzw. lesen will. Das wiederum kann er nicht von sich aus wissen. Er reflektiert seine Wünsche und Sehnsüchte zwar auf sie, aber immer in einer ihm nicht gewohnten Art und Weise, die er von *anderen* in *anderer Zeit* gehört gesehen oder gelesen hat. Ihm fehlt das Wissen, was sie wohl liebt und gerne hat, hört usw. usw. Es kommt schnell der Augenblick, ab welchem der Mann sicher ist, das richtige zu vermuten und hält es bald für die Wahrnehmungen von Ereignissen *seines eigenen Ichs* in *eigener Zeit.* Das kann zu einem Glücksspiel werden. Liebespost wird zu einem Pendel zwischen Wahrnehmungen von Ereignissen *seines eigenen Ichs* in *eigener Zeit* und Wahrnehmungen von Ereignissen von *anderen* in *anderer Zeit.* Obwohl Frauen solches Verhalten fast immer durchschauen, sind sie genauso heftig von diesen „liebenswerten" und „süßen" Bemühungen um sie berührt und beeindruckt und halten es für völlig unangebracht ihre Erkenntnisse dem Mann gegenüber zum Ausdruck zu bringen. Das würde unnötige Schwierigkeiten heraufbeschwören. Aber auch hier wird Liebespost schnell zu einem Pendel zwischen *ihrer eigenen* und *anderer Zeit*.

Traumtänzer

Zur Erinnerung:
Zeit ist die Wahrnehmung eines Ereignisses. Fehlt die Wahrnehmung, gibt es keine Zeit und kein Ereignis.

Traumtänzer zeigen sich in ihren Besonderheiten nicht spezifisch männlich oder weiblich. Eindeutige Wahrnehmungen von Gefühlsphänomenen in *seiner* bzw. ihrer *eigenen Zeit*, *seines* oder *ihres eigenen Ichs*, die sich nur einem Traumtänzer oder nur einer Traumtänzerin hätten zuordnen lassen, konnte ich als Beobachter nicht feststellen.

Ein Traumtänzer, ein Student, will einen Bus benutzen. Der soll ihn von Freiburg nach München bringen. Für den hat er aber nicht reserviert. Er ist sich sicher, dass erstens noch ein Platz für ihn frei ist, dass er zweitens für den halben Preis oder weniger darin mitfahren wird und steigt mit einem ungezwungenen „Hi" ein. Der Fahrer schickt ihn wieder nach draußen, weil die Abfahrt bevorsteht, mit der Bemerkung: „Der Bus ist besetzt, aber da draußen steht jemand, der wollte sein Ticket zurückgeben. Vielleicht hast du Glück". Für den Traumtänzer ist das nichts Besonderes. Er übernimmt die Fahrkarte für weniger als den halben Preis und steigt ein. Sein Platz ist reserviert und es ist alles völlig normal. Die Wahrnehmungen von Ereignissen in *seiner eigenen Zeit*, seines *eigenen Ichs* sowie die von *anderen* in *anderer Zeit* finden bei ihm anscheinend nicht statt. Für ihn passiert „es" einfach so.

An einem anderen Platz in der Stadt sitzt ein Traumtänzer vor der Staffelei und hält für Sekunden inne. Eine flüchtige Erinnerung streift ihn, er denkt an eine frühere Liebe, die in

dieser Stadt auseinander ging. Er steht auf und ist ohne Ziel, kleidet sich aber trotzdem an und geht den umständlichen Weg zum Verkehrsmittel. Er weiß nicht wo und ob seine frühere Liebe noch in der Stadt lebt. Er fährt bis zu einer Haltestelle, die er vorher nicht festgelegt hat und steigt aus. In der Menschenmenge verlässt ihn seine Zuversicht, die alte Freundin, zu treffen und steht ihr unversehens gegenüber. Auf der Seite der Angetroffenen gibt es kein großartiges Wiedersehen, sondern nur erstauntes Stottern. Der Traumtänzer aber lacht hell auf, weil er bei solchen Situationen immer lacht.
Er wird gefragt, warum, wieso und erklärt gleich, dass es keine Absicht von ihm sei, sondern nur eine Begegnung, aber auch keine zufällige. Damit kann die alte Liebe nichts anfangen und fragt immer wieder: „Warum, ich versteh das nicht".

Im letzten Beispiel kommt eine Traumtänzerin, eine Lehrerin, durch den hinteren Garten nach Hause. Sie sieht ihren Nachbarn vornübergebeugt an seinem Gartenzaun „hängen". Die Traumtänzerin ist nicht erschrocken und auch nicht überrascht, sondern nur ratlos. Sie geht im kleinen Bogen um ihn herum, schaut ihn kurz an, dann an ihm vorbei und in ihr Haus. Später, als ihr Partner auch nach Hause kommt, hört sie ihn sagen, dass man den Nachbarn in ein Krankenhaus hatte bringen müssen, weil er einen Herzinfarkt erlitten hätte. Er spricht sie an: „Hast du das gewusst"? und erhält zur Antwort: „Ich habe ihn vorhin im Garten gesehen. Er hing da im Zaun". Die Traumtänzerin lacht, wie es ihre Art ist, wenn sie unsicher zu sein scheint.
Es ergibt sich ein heftiges Gespräch, bei welchem Vorwürfe laut werden, z.B.: „Warum hast du keine Hilfe herbeigeholt". Sie antwortet: „Was hätte ich machen sollen. Ich habe nichts bemerkt. Er hat nicht gerufen und nicht um Hilfe gebeten. Ich

hatte auch Musik im Ohr. Das Stück ist so neu und genial. Hör mal rein. Da achte ich nicht so genau darauf, was passiert".

Traumtänzer brauchen keine Erklärung. Sie hinterfragen auch nie und nehmen Veränderungen ihrer Umwelt kaum wahr. Sie kennen weder alte noch neue ritualisierte Vorgänge, z.B. dass zu jedem Frühstück ein Ei gehört oder Kaffee, oder, oder, oder. Sie scheinen jede Veränderung zu akzeptieren, aber in Wahrheit registrieren sie sie nicht einmal und kommentieren nie Abweichungen vom scheinbar Gewohnten. Nachts verfällt ein Traumtänzer in bleiernen Schlaf oder findet erst gegen Morgen ins Bett. Nur mit sich selbst und dem was er gerade macht, kann er umgehen. Er kennt keine Regeln, sondern einfach nur spontane Notwendigkeiten. Muss er z.B. plötzlich und schnell aufstehen, also das Bett verlassen, unterbleibt die morgendliche Körperpflege, die sonst stundenlang andauern kann, auch wenn ich, der Beobachter, nicht weiß, warum, denn aus dem Bad ist zu lange kein Geräusch zu vernehmen. Die entfallene morgendliche Körperpflege wird auch nicht nachgeholt. Traumtänzer sind meistens freundlich und gut gelaunt. Sie empfinden keine Zeitmaße wie Stunden oder Verpflichtungen. Verabredungen und eigene Zusagen halten sie nicht ein, und sie dringen nicht darauf bei Versprechen anderer. Traumtänzer schöpfen aus einer Quelle, die weder mit *ihrer eigenen Zeit* noch mit *anderer Zeit* irgendwie im Zusammenhang steht. Sie scheint sein Leben zu bestimmen und leitet ihn mit Intuitionen. Intuitionen aber kennen keinen Grund, vielleicht einen Auslöser. Sie sind selten erklärbar und verlangen oft außergewöhnlichen Umgang mit Ereignissen, die mit Logik oder Zeit, als *Wahrnehmungen von Ereignissen*, nicht erklärt oder verstanden werden können.
Traumtänzer, sind scheinbar Glückspilze. Sie leben aber nicht in einer anderen Welt. Die gibt es für sie nicht. Vielleicht haben sie eine eigene Welt. Das wäre keine andere Welt.

Traumtänzer leben eigentlich immer so, sie würden sonst reagieren. Das geschieht nicht. Als Reaktion ist nicht das Wiedergeben von Gehörtem oder Gelesenem gemeint. Vielmehr sollte z.B. durch Wahrnehmungen von Ereignissen in *ihrer eigenen Zeit,* ihres *eigenen Ichs* etwas, das Erfolgsaussichten oder auch nur Veränderungen verspricht, mit Begeisterung entdeckt und in die Tat umgesetzt oder es sollten Wahrnehmungen von Ereignissen *anderer* in deren *anderen Zeit* auf ihre Chancen und Möglichkeiten der Realisierung überprüft werden.

Für mich als Beobachter entsteht schnell der Eindruck, dass Traumtänzer über große Zeiträume, also Stunden, Tage und länger, erschreckend lebensuntüchtig sind. Wahrnehmungen von Ereignissen in *eigener Zeit* haben sie nicht und die von *anderen* in *anderer Zeit* erreichen sie nicht. Sie sind somit frei von anstehenden Entscheidungen und den Folgen nicht übernommener Verantwortung. Sie empfinden auch kaum Mitgefühl. Allerdings verteidigen sie ihren offenbar eigenen emotionalen Zustand vehement und nehmen ihn als beständig und unverändert hin. Ihre sichtbare Anspruchslosigkeit und Fröhlichkeit, ja überwiegende und ansteckende Unbekümmertheit wie Unverbindlichkeit, münden oft in Selbstbemitleidung. Leider stellt sich zusätzlich eine wenig beachtete, mangelhafte Vorratshaltung und fehlende, eigene Bewirtschaftung jeder Art ein. Hinzu können Verkümmern der Familienbindung, sehr oft vernachlässigte Körperpflege und Eigenhygiene kommen.
Traumtänzer sind nicht bereichert um Wahrnehmungen von Ereignissen mit Gefühlsphänomenen der besonderen Art in *eigener Zeit* und erfahren keine Wahrnehmungen von Ereignissen durch *andere* in *anderer Zeit.*
Sie leben, so gesehen, in einer sterilen Unerfahrenheit.

Mut, Tapferkeit

Zur Erinnerung:
Zeit ist die Wahrnehmung eines Ereignisses. Fehlt die Wahrnehmung, gibt es keine Zeit und kein Ereignis.

Für viele Mitmenschen sind **Mut** und **Tapferkeit** das gleiche. Wahrscheinlich hatten sie kaum Gelegenheit zu bewusster Wahrnehmung und eigener Erfahrung. Aber auch Erfahrungen schälen den wesentlichen Unterschied nicht unbedingt heraus. Weder eine Situation, in welcher ganzer Mut von mir verlangt wird, noch eine, in welcher meine Tapferkeit unter Beweis gestellt werden muss, stellen die für viele unwesentlichen, aber für mich, den Beobachter, ganz entscheidenden Besonderheiten der einen wie der anderen Eigenschaft heraus. Besonders ist, dass ich mir Mut nicht ohne einen Grund abverlange und Tapferkeit nicht ohne einen Gegner bzw. ein Gegenüber. Das ergibt sich aus der unterschiedlichen Wahrnehmung der Ereignisse. Mut ist die Wahrnehmung von Ereignissen *meines Ichs* durch mich in *eigener Zeit* und Tapferkeit meine Reaktion auf Wahrnehmungen von Ereignissen *anderer* in deren *anderer Zeit,* von denen ich erfahre.

Mut ist spontan und hat immer einen Anlass oder Auslöser als Wahrnehmung von Ereignissen durch mich in *eigener Zeit.* Dazu gehören z.B. Angst, Wut, Verletzlichkeit, Armut, Unterdrückung und Demütigung. Ein Grund für mutiges Handeln findet sich aber auch sehr oft außerhalb. Anlass und Auslöser sowie Ursache meines Mutes liegen dann naturgemäß in den Wahrnehmungen von Ereignissen eines *anderen* in *anderer Zeit*. Sie können in mir ebenso Mut als Wahrnehmung von Ereignissen *meines Ichs* durch mich in *eigener Zeit* auslösen.

Mut aus Ahnungslosigkeit und Unwissenheit ist eigentlich kein Mut, sondern Dummheit, und Übermut ist wohl Leichtsinn. Davon soll hier aber nicht die Rede sein.

Mut ist hauptsächlich die Reaktion auf und die Kenntnisnahme oder die Überwindung von Angst, beispielsweise vor Fehlern, vor Strafe und vor Versagen. Das sind dann Wahrnehmungen von Ereignissen durch mich in *eigener Zeit* meines *eigenen Ichs.*

Wenn jemand um Hilfe schreit, kann Verzweiflung aus einer Notsituation heraus der Grund dafür sein. Es hat sich z.B. jemand an einer Gräte verschluckt und droht zu ersticken. Der Nachbar, der daneben steht, weiß sich keinen Rat und sucht nach Hilfe. Ich greife dem Verletzten ohne medizinische Kenntnisse, beherzt in den offenen Mund, überwinde meine Angst und versuche, die Gräte zu finden, sie zu erfassen und zu entfernen. Der Antrieb zu diesem Handeln, mein Mut, kommt aus meinem *eigenen Ich* und ist die Wahrnehmung dieses Ereignisses in *meiner eigenen Zeit.* Es ist der beherzte, aber leider ungesicherte Weg des Versuchs einer Rettung. Der kann nicht allgemein vermutet und nicht unbedingt erwartet werden. Dieser Weg ist auch nicht logisch und nicht immer ratsam. Mut zeigt sich fast immer spontan, manchmal aber auch erst nach langer oder zu langer Zeit. Er kann so zu spät erbracht werden und ist dann wirkungslos oder sogar verhängnisvoll. Mut bezweckt, aber bewirkt nicht immer Positives und wird oft missverstanden.

Tapferkeit wird geplant. Sie entsteht zwar als Wahrnehmung eines Ereignisses durch mich in *eigener Zeit,* die wird aber

ausgelöst durch die Wahrnehmungen von Ereignissen *anderer* in *anderer Zeit.* Sie können mich zum Verstehen oder der Fehleinschätzung einer empfindlichen, für viele Beteiligte unverständlichen, Situation führen und zu einem völlig unsicheren, aber erhofften, Fernziel als Wahrnehmung eines vielleicht irgendwann einmal eintretenden Ereignisses in *eigener Zeit* werden.
Tapferkeit ist selten eine spontane Eigenart und kaum die Wahrnehmung eines Ereignisses in *eigener Zeit.* Sie orientiert sich eigentlich stets an Wahrnehmungen von Ereignissen *anderer* in *anderer Zeit,* die mich erreichen und zum logischen oder unlogischen und vielleicht emotionalen Handeln verführen oder auffordern. Sie entsprechen vielleicht sogar einer Überzeugung von mir, aber sie lösen keine Wahrnehmungen von Ereignissen in *eigener Zeit* meines *eigenen Ichs* in mir aus.
Als Beispiele von Tapferkeit seien Flucht und Widerstand genannt. Die Gründe für diese fatalen Umstände sind meistens auch die Feinde der Tapferkeit. Auf anderer Ebene aber, nämlich lebensbedrohlichen Krankheiten wie Krebs, Aids, früher der Pest, den Pocken, Cholera und z.B. Sorge jeder Art, die dauerndes Ermahnen zum Durchhalten verlangen und verlangten, gibt es zu häufig keine konkreten Gegenüber. Tapferkeit muss geplant werden und unterliegt damit einer möglichst einfachen Strategie. Sie ist oft mit der Frage nach Recht und Gerechtigkeit oder einer vermeintlichen Ungerechtigkeit befasst. Tapferkeit weicht also erheblich ab vom Mut als einer spontanen Handlung, und der Wahrnehmung eines Ereignisses durch mich in *eigener Zeit.*

Mein Mut steht oft der Tapferkeit als Wahrnehmung von Ereignissen *anderer* in deren *anderen Zeit*, die mich beeinflussen soll, unentschlossen gegenüber. Tapferkeit benötigt Zeit. Tapferkeit und Mut können aber trotzdem sehr wohl miteinander verbunden sein. Das ist z.B. dann der Fall, wenn eine Situation, gleich bei ihrem Eintritt, Tapferkeit oder Mut oder beides verlangt. Bei einem Unfall z.B. ist schnelles Handeln erforderlich. Soll ich Mut riskieren, vielleicht sogar leichtsinnig sein und Menschen von der Fahrbahn ziehen oder in der Zeit Hilfe herbei telefonieren, umständlich lange Fragen beantworten, um größeren und kompetenteren Einsatz zu erreichen. Tapferkeit erlaubt sich spontan den Mut zum „Alles oder Nichts" als Risiko, und Mut erlebt den Verlust von Tapferkeit in seiner Spontaneität.

Als Wahrnehmungen von Ereignissen durch mich in *eigener Zeit* sollte Tapferkeit Mut kontrollieren und Mut Tapferkeit beflügeln. Nehme ich beide Eigenschaften gar nicht wahr, gibt es sie für mich weder als Ereignisse noch als *eigene Zeit* meines *eigenen Ichs*.

Genie, Held

Zur Erinnerung:
Zeit ist die Wahrnehmung eines Ereignisses. Fehlt die Wahrnehmung, gibt es keine Zeit und kein Ereignis.

Es heißt doch: „**Genie** lernt man nicht, man ist es", und „Nur ein toter **Held** ist ein wahrer Held". Was hat das mit *Zeit* zu tun? Für mich ergibt sich daraus ein einfacher Schluss als Wahrnehmung von Ereignissen *meines Ichs* durch mich in *meiner eigenen Zeit*, nämlich Genie bedeutet Zukunft und Held bedeutet Vergangenheit. Ich müsste dabei allerdings bekennen, dass es sich so nicht mehr um Wahrnehmungen von Ereignissen *meines eigenen Ichs* handelt, sondern um solche von Ereignissen *anderer* in deren *anderer Zeit*, die mir zugetragen wurden und die dann diese Wahrnehmungen von Ereignissen in mir ausgelöst haben. Für mich ist ein Genie kein Held und ein Held kein Genie, aber genial zu sein und sich darzustellen mit allen Konsequenzen ist heldenhaft, und heldenhaft zu sein mit all seinen Anfeindungen bis zum bitteren Ende ist genial. Das hört sich sehr abstrakt an. Ich möchte das an Beispielen versuchen zu erklären.

Denken wir einmal ein paar Jahrtausende zurück an Wahrnehmungen von Ereignissen *anderer* in deren *anderer Zeit.* Damals muss es genial gewesen sein, Feuer zu beherrschen und Werkzeug zu seiner Erzeugung benutzen zu können. Aber das Feuer in die Welt zu tragen, war heldenhaft. Auch ein Feuer zu löschen ist heldenhaft, und die richtige Methode dafür zu finden, ist wieder genial.

In der Gegenwart, als ein anderes Beispiel, Weltraumstationen zu erschaffen, ist eine große, geniale Gemeinschaftsleistung, und sie im Orbit zu nutzen und zu bewohnen, sind heldenhafte Taten mit dem größten Risiko, das Leben zu verlieren. So werden Astronauten zu Helden.

Helden sowie ihre Taten werden im Andenken häufig verklärt, manchmal sogar idealisiert. Das kann schnell in die Nähe einer Lüge führen. Helden und ihre Taten werden so der Wirklichkeit entfremdet. Das könnte in deren „normaler Lebenszeit", also ohne ihr heldenhaftes Tun, nicht passieren. Die „normale Lebenszeit" wird dabei vom Helden als Warten auf unbestimmte Gelegenheiten in der Wahrnehmung von Ereignissen *seines eigenen Ichs* empfunden. Die sind aber meistens Irrtümer, weil es eigentlich Wahrnehmungen von Ereignissen *anderer* in *anderer Zeit* sind. Sie erreichen den Helden zwar, beflügeln ihn und regen ihn zu Taten an. Die können sehr oft aber nur gegen gewaltige Wiederstände durchgeführt werden, nachdem sie ihm zuvor immer wieder verweigert wurden. Ihn drängen nun die scheinbaren Wahrnehmungen von Ereignissen *seines eigenen Ichs* zum Handeln. Ein Genie dagegen wird selten idealisiert. Es wird eher kopiert und so vom „Thron gestoßen".

Genie und Held befinden sich immer irgendwie in unmittelbarem Sachzusammenhang und Sachzwang, manchmal sogar in räumlicher Nähe zueinander, bilden aber kaum eine Einheit und handeln ohne Einigkeit im Umgang mit gemeinsamen Vorhaben. Ein Genie schöpft seine Einfälle, seine Ideen aus Quellen, die überwiegend Wahrnehmungen von Ereignissen *seines eigenen Ichs* sind. Sie entwickeln sich aber auch bedeutend durch das anhaltende, neugierige, ruhelose Beobachten der Umwelt und seiner Suche nach Erklärungen und Antworten zu Wahrnehmung von Ereignissen *anderer* in *anderer Zeit*. Genie schafft ständig neue, unerwartete Einfälle und empfindet sie und sich als normal. Es ist für ein Genie allerdings verwunderlich, dass die Begeisterung, mit der es seine Wahrnehmungen von Ereignissen *seines eigenen Ichs* in *eigener Zeit* erlebt, nicht auch so von seinen Mitmenschen aufgenommen wird. Das kann es gar nicht verstehen und auch nicht, dass all seine Erklärungen kaum zum Verständnis etwas beitragen.
Auch der Held ist in der Wahrnehmung von Ereignissen in anhaltender und neugieriger, ruheloser Suche, ein Beobachter der Umwelt und findet im Genie die Erklärungen und Antworten zu Wahrnehmungen von Ereignissen *anderer* in *anderer Zeit,* die ihm von selbst sofort zu Wahrnehmungen von Ereignissen *seines eigenen Ichs* in *eigener Zeit* werden. Von nun an handelt der Held wie im Auftrag eines Genies, aber nach scheinbar eigenen Wahrnehmungen von Ereignissen *seines eigenen Ichs.*

Anhänge:

Planetarium Freiburg
Vortrag zum Thema: Die Zeit der Welt
Bismarckallee 7g
79098 Freiburg i.Br.

Harald Birgfeld
xxxxxxx
xxxxxxxx
xxxxxxxxxx
Heitersheim, den 9.6.08
e-mail Adresse: Harald.Birgfeld@t-online.de
im Internet unter: www.Harald-Birgfeld.de

c/o
Deutsches Elektronen-Synchrotron
DESY.
Wissenschaftliche Direktion
Institut für Experimentalphysik
Luruper Chaussee 149
22761 Hamburg

c/o
European Organization for Nuclear Research
Wissenschaftliche Direktion
CERN
CH-1211
Genève 23
Switzerland

Sehr geehrte Damen und Herren,
sehr geehrter Autor des Vortrages,

für die Aufgaben, DESY in Hamburg und CERN in Genf, Forschungszentren für Teilchenphysik, interessiere ich mich schon seit Jahrzehnten. Deshalb erlauben Sie mir bitte wenige kritische Anmerkungen. Zu dem Anschauungsbeispiel des Vortrages des Planetariums in Freiburg, „Teetasse fällt zu Boden", einschließlich ihrer „Auferstehung" möchte ich mich nicht weiter auslassen.

Voraussetzung:
- Dem Objekt, Kollisionsproton, in einem Teilchenbeschleuniger, können bei einer Kollision mit anderen Kollisionsprotonen etliche Ereignisse nachgewiesen werden.

Behauptung:
- Das Kollisionsproton ist nicht das Ur-Proton.

Beweis:
- Die Beobachtung der Objekte, Kollisionsprotonen, wird fälschlicherweise auf das Beobachten der Ur-Protonen gelenkt. Kollisionsprotonen und Ur-Protonen sind existentiell verschiedene Objekte. Das Kollisionsproton ist gegenüber dem Ur-Proton schwerer, existiert in einer anderen Zeit und es ist kürzer.

Mein Kommentar:
- Aussagen über Zusammenhänge zwischen Kollisionsprotonen und den Ur-Protonen, durch sogenannte Ereignisse in den Teilchenbeschleunigern bei den Versuchen der Forschungszentren für Teilchenphysik, z.B. DESY und CERN, sind unrealistisch und unbewiesen. *Kollisionsprotonen und Ur-Protonen sind existentiell verschiedene Objekte.*
- In den beschleunigten Kollisionsprotonen vergeht praktisch keine Zeit. Der Beobachter von außen nimmt zwar Ereignisse wahr, diese passieren aber in der Realität der Kollisionsprotonen gar nicht. *Kollisionsprotonen existieren zugleich in mindesten einer anderen Zeit als der Beobachter.*

Mit freundlichen Grüßen,

Harald Birgfeld

Theorie und Utopie der eigenen Zeit.
Veröffentlichung, mit Ergänzungen vom 5.5.2009, 18.7.2009 und 3.12.2009.

Harald Birgfeld
xxxxxxxxxxx
xxxxxxxxxxxxxx
Heitersheim, den 25.04.2009
e-mail Adresse: Harald.Birgfeld@t-online.de
im Internet unter: www.Harald-Birgfeld.de

Veröffentlichung:

Dargelegt an einem Beispiel, s. mein Schreiben vom 9.6.08 an das Planetarium Freiburg, c/o Deutsches Elektronen-Synchrotron, DESY und c/o European Organization for Nuclear Research Wissenschaftliche Direktion, CERN, veröffentliche ich heute die Grundsätze meiner Theorie (mit Ergänzungen vom April, Mai, Juli und Dezember 2009):

Theorie der eigenen Zeit:

1) Jedes Ereignis hat eine eigene Zeit.
2) Jedes Ereignis findet in einer eigenen Zeit statt.
3) Ereignisse können nur gleichzeitig sein, wenn es keinen Zwischenraum gibt.
4) Zwischenraum ist die Begegnung mit einer anderen Zeit.
5) Zeit ist die Wahrnehmung eines Ereignisses.

Utopie der eigenen Zeit

6) Ereignis ohne eigene Zeit ist unendlich.
7) Eigene Zeit ohne Ereignis ist ewig.
8) Ereignisse, gleichzeitig und unendlich und ewig, sind z.B. *Schwarze Löcher* und *Tachyonen*.

Harald Birgfeld

Theorie und Utopie der anderen Zeit,
Veröffentlichung vom 25.1.2014

Harald Birgfeld
Heitersheim
Heitersheim, den 25.01.2014

Veröffentlichung

Theorie und Utopie der anderen Zeit.

Dargelegt an einem Beispiel, s. mein Schreiben vom 9.6.08 an das Planetarium Freiburg, c/o Deutsches Elektronen-Synchrotron, DESY und c/o European Organization for Nuclear Research Wissenschaftliche Direktion, CERN, veröffentliche ich heute die Grundsätze meiner 2. Theorie:

Theorie der anderen Zeit.

1. Jedes Ereignis hat eine andere Zeit.

2. Jedes Ereignis findet in einer anderen Zeit statt.

3. Andere Zeiten sind nur gleichzeitig, wenn es keinen Zwischenraum gibt.

4. Zwischenraum ist die Begegnung mit einer anderen Zeit.

5. Andere Zeit ist die Wahrnehmung eines anderen Ereignisses ohne Gleichzeitigkeit.

Utopie der anderen Zeit

1. Andere Zeit kann neben weiteren anderen Zeiten existieren.

2. Andere Zeit kann gleichzeitig mit Zwischenräumen zu weiteren anderen Zeiten existieren.

Die Vielzahl meiner Veröffentlichungen erfolgte im Verlag: „Gesellschaft für zeitgenössische Lyrik. e.V." Leipzig, unter ISBN: 3-937264

Weitere Veröffentlichungen von Harald Birgfeld auch in Druck und Herstellung bei Books on Demand GmbH, 22848 Norderstedt und online.

Lyrik:

Alsterwanderweggedichte, 41 zeitgenössische Gedichte, (illustriert), 48 S.
..and I said to myself, what a wonderful world,
36 Gedichte mit fantastischen Inhalten, 44 S.
Auf deiner Reise zum Rande im Rande des Randes der Sonne 187 Gedichte: Im Innern der Sprache werden Kräfte freigesetzt. 184 S.
Bärbel und Harald, Epos, Gedicht in 93 Teilen
Die Frau des Terroristen, 53 Facettengedichte
Die Insassinnen, Epos, Lyrik, Außenlager KZ-Sasel, 136 S.
Die Zeit der Gummibärchen ist vorbei,
76 zeitgenössische Gedichte, (illustriert), 108 S.
Feuer, das zur Speise wird,
114 Gedichte aus meiner digitalen Welt, 68 S.
Für dich..., 43 Liebesgedichte und 15 Augen-Blicke, 32 S.
Gedichte, veröffentlicht in ausgewählten Anthologien, und Namenlos von meiner Insel, 42 Briefe, Lyrik, 108 Seiten,
Großes Liebestestament, 68 Liebesgedichte, 144 S.
Honigweißer Duft, 14 fantastische Gedichte, 32 S.
dabei 14 farbige Seiten.
Im Reißverschluss der Illusion, 57 Facettengedichte
Liebestestament, 37 Gedichte Liebeslyrik, 44 S.
Mund aus Glas am Rand aus Fleisch, 114 Gedichte,
Schwarze Liebeslyrik, 120 S.
Sasel, Geschichte eines Außenlagers, Vers-Epos, Lyrik, KZ-Sasel 140 S.
Sofortige Lähmung, 112 Gedichte aus dem Innersten, 72 S.
Unter einem Mikroskop, 36 Gedichte für eine parallele Welt, 28 S.
Von Haut zu Haut, 132 Gedichte: Was macht meine Liebe an dir und an mir mit mir und mit dir? Liebeslyrik. 48 S.
Wir gerieten in den Gürtel der Meteoriten, 10.000 Aufschläge, Band 14: Aufschläge 6502 – 6999, ca. 500 Strophen, 224 S.
Wo die schwarzen Blätter wachsen, 129 erotische Gedichte? 76 S.

Prosa:

Die Tätowierungen der jungen Tanja W.
Selbstsuche und Selbstfindung einer jungen Frau, 132 S.
Die Entdeckung der eigenen Zeit
Zeit ist die Wahrnehmung eines Ereignisses.
Beispiele, Grundsätze und Erläuterungen. 92 S.
Fünf Veröffentlichungen/Five Publications (deutsch/englisch),
32 S. Format A5 (1 Band)
Theorie und Utopie der eigenen Zeit,
Theorie und Utopie der anderen Zeit.
Die Zeit der Gleichungen ist vorbei
Societ lyrics, was ist das?
Folienbilder-Entstehung
Kleine Fibel Arbeitsschutz (für die praktische Arbeit) an:
„Hochschulen", „Kindergärten", „Schulen" (3 Bände)
Trennung von B.: 2017,
Phänomen Trennung erster, zweiter und dritter Art, 104 S. A5
Über Poesie der Heilung und Glück, ein Essay, 25 S. A5
Pina Bausch, Nachruf 148 S. A 5
Vom Sterben nach dem Tod
Warten auf die Anderen.

Alle Veröffentlichungen von Harald Birgfeld, derzeit **online** unter
www.Harald-Birgfeld.de
Im Volltext für jedermann zugänglich und einsehbar.

Lyrik:
Die Insassinnen, Theaterstück, Außenlager KZ Sasel, 3 Akte
Gespräche dritter Art, 90 zeitgenössische Gedichte
Gespräche zweiter Art in Art der Art, 89 zeitgenössische Gedichte
Mann aus Blech und Plastikfrau, Theaterstück, Ein dramatisches Bühnenstück in drei Akten, Glaube - Liebe – Hoffnung
Wir gerieten in den Gürtel der Meteoriten, 10.000 Aufschläge,
23 Gedichtbände
